你不是天生為母則強，只是必須學著勇敢

獻給世上所有母親的內心療癒手記

葉傾城——著

目錄

Chapter 1 第一章 孩子到來之前

Chapter 2 第二章 生育是一場值得的冒險

CONTENTS

Chapter 3

第三章 孩子，媽媽將是你在世上認識的第一個人

Chapter 4

第四章 這家中還有一個小孩，是你自己

1
Chapter

孩子到來之前

也許我是一個平庸的人，我愛孩子，是因為孩子先愛我。是孩子的愛，喚起了我的愛。孩子是星星點點的小火苗，終於讓我燃起熊熊大火。

大部分的親子之愛就是如此來的吧，成年人給予養育，孩子給予愛，孩子的愛，喚起了成年人的愛。這是良性循環。

成為母親，也許是一件註定的事

在三十歲之前，我從來沒有想過生兒育女。

我不喜歡小孩。公車上被大人抱在懷裡的小孩雙腳亂踢，在我的真絲襯衫上一踢一個腳印；商場裡滿地瘋跑的小孩簡直像活動「炸彈」，隨時都有可能「撞翻」你。飛機上哭號的小孩，用髒手抓我裙子的小孩……

我也不喜歡成為母親。我不想是那個在風裡雨裡騎著自行車，披頭散髮送小孩上學的人；我不想是那個在醫院裡緊緊抱住打針的小孩，在小孩的號啕聲中淚流滿面的人；我不愛做家事，非常討厭「做飯就是母親的天職」的觀念；我不喜歡應酬，不願意為了小孩不得不和很多人打交道……

我很早就立下志向，要成為一個作家。我沒有天賦，但一直認認真真沿著這條路往前走，在我三十歲時，已經出了很多本書，小有名氣，我知道「一流」這個詞是我暫時無法抵達的，但我喜歡寫。我理想的生活就是寫寫東西，看看書；吃吃東西，減減肥；出去晃晃，在家宅宅；交些朋友，懂得斷捨離；絢爛地愛，也許會更加絢爛地失去愛……

有那麼幾年，我很接近我的理想。也許不夠幸福，但我很快樂。而在我三十一歲那年，發生了一件事，我的父親去世了。我父親身體一直很健康，不抽菸不喝酒，性格開朗，有時運動。按所有的量表來說，他都應該長壽，但他在六十二歲那年倒下，查出來已是晚期肝癌，此後僅僅活了四個月。

有很長一段時間，我都不能理解何謂死亡，或者說，直到現在，我也不能真正理解。死亡，就是不在了嗎？這個世界是一個完整的圖卷，是有人拿出鋒利的裁刀，把屬於我父親的那一部分完全裁掉了嗎？我似乎還能聽見他朗朗的笑聲，那些都只是記憶或者幻覺嗎？怎麼可能呢？發生了什麼？就像恐龍從地球上滅絕一樣，我的父親再也不會出現了嗎？我還沒來得及聽完他所有的故事。我很早就打算，以他的童年為主線，寫一個民國時期的農村故事。我這裡聽一段，那裡聽幾句，有時候記下來了，有些就記不清了。我恨不得去搖醒他，對他說：「你還沒給我講完故事呢。」

並且，我還想讓父親講講祖父母的那些往事呢，因為我與祖父母之間的紐帶已經斷裂，再也握不住往事的手，這些我可以自我原諒，但真正讓我無法擺脫的是，我其實從來都不了解我的父親。他是普通人能夠想像的最好的父親。我家只有三姐妹，父母沒有兒子，我長大後才知道，對有些男人來說，這是缺憾，但父親從來沒這麼想過。他帶我們游泳，教我們騎自行車，供我們讀大學。因為我最小，他格外愛我，以他的理念培養我。他給我做的小木頭手槍，我絲毫沒有興趣；他帶我做木工，我只覺得手酸痛；我突發奇想，想有一塊自己的園地，他就帶我開墾出一塊小菜園，辛苦種植了兩個星期，長出來的菜只夠做一小盤，我很快罷工。他應該很希望我成為一個女工程師，或是女科學家，但我只想當個作家。我永遠記得我人生中的第一本《唐詩三百首》，那是二十世紀八〇年代初期，書店每到一本新書都要排很久的隊伍去買。他從早上排到快中午十二點，買到了，塞在褲腰裡帶給我——因為其間下起了雨，他沒有傘，也不能淋濕書。

但是，我從來不了解他作為自己的一面。除了我母親之外，他還愛過誰嗎？他這麼節儉，不捨得吃好東西，都留給我們吃，那麼他自己喜歡吃什麼？從我認識他起，他就是一個丈夫、一個父親。而如果這世上沒有我們三姐妹，如果他純粹就是形單影隻的一個人，他會是什麼樣子？他是很勤勞的，兢兢業業地工作，回家就很自然地做家事，他喜歡勞動嗎？他是享受勞動的快感嗎？這些問題一直困擾著我。

如果這一生他有所選擇，他會否放浪形骸？如果他知道自己六十出頭就會去世，他是否會更自私一點，多考慮自己而不總是考慮別人？

他喜歡吹口哨，哨聲很悠揚，我習慣了他還在樓下，口哨聲跟著腳步聲一道上樓。而如果，他早出生若干年，當時家道未中落，他會否是汪曾祺那種會琴棋書畫的大少爺？他是我生命的來處之一，我想要溯流而上。然而死亡是山崩，直接堵塞了我的基因之河。許久許久，我都無法工作。這令我很自責。一生勤勉的父親，看到我如此墮落，會不開心吧？不，另一個念頭在對我說，勤勉有什麼用？能換回他的生命嗎？不都是灰飛煙滅了？

我家親戚不多，隨著我父親的去世，父族那邊的親戚來往更少。我怨恨過我的幾位堂哥，當年都是我父親帶他們進的城，我父親竭盡全力資助過他們，他們都忘了嗎？

難道，記得我父親的，只有我母親和我們三個姐妹嗎？而被忘記真的是每個人的宿命嗎？當我們三個姐妹都去世後，關於我父親的記憶也都不存在了。到那時，父親就迎來了第二次的死亡，這才是真正意義上的死亡，每個人皆是如此。

我忽然發現了自己孤立無援，隨時都搖曳在生死邊緣，因此，我曾經不想生育的想法一次一次地動搖。我不停地追問自己，做好當媽媽的準備了嗎？我希望正在讀這段文字的你們，如果像當時的我一樣，正在猶豫是否要帶一個孩子來到世上，不妨先問自己這十個問題：

一、你愛小孩嗎？
二、你愛這個你準備與之生小孩的異性嗎？
三、你的經濟許可嗎？
四、如果你的孩子不夠健康，你的選擇會是什麼？
五、你自己養得起孩子嗎？
六、你能得到社會或家庭的支持嗎？
七、你的職業會與你的孩子搶奪你的時間精力嗎？

八、你能承受三年左右的非全職工作嗎？

九、你為什麼要生小孩，是為了要讓自己幸福嗎？

十、你到底有多愛自己？

當我思考完這些問題後，得到了確定的答案。我不得不進一步追問活著的意義。難道活著只為了我的母親？我多麼害怕，她也會像我的父親一樣，離我而去。到那時，有什麼可以支撐我，讓我能強悍地打敗每一頭怪獸，無論是來自外界還是內心。

於是，在三十五歲那一年，我毅然決然地當了母親。我的女兒小年出生之後，我偶然與一位精通六爻的朋友聊天，隨口說道：「現在很多孩子是剖腹產的，那是否因此八字就不準了？」他回答：「如果真的有命運，一個人的出生時刻早就註定了，不管是剖腹產還是自然產。」

是啊，成為母親，可能本就是一件命中註定的事。

母性並非與生俱來

我經常看到一種說法，如果不能愛孩子，就不要生孩子。我心裡想，如果一個人必須先確保自己愛孩子，才能完成受孕生育這一過程，那這世界上九九％的孩子不會出生。

我懷孕的時候，一直在擔心，我不能愛上我的孩子。因為我從來沒有在自己身上感受到什麼母性。

如果我不愛他……

如果他一哭，我就煩，怎麼辦？

如果他不健康，甚至成為一種負累，我是否這一生都能負擔得起？

一月底我生了小孩，三月我已經在寫母親節專欄。我在專欄裡誠實地說，對於大部分女性來說，我們都會成為母親。做母親不見得是多麼偉大的事，我們所經歷過的孕育之苦、分娩之痛、哺乳之累……跟所有雌性動物都一模一樣。說到生兒育女，連鳥兒都會「銜泥兩椽間，一巢生四兒。四兒日夜長，索食聲孜孜」。

不養兒不知父母恩，我有孩子之後，每念此詩，聲淚俱下。從生物學上來說，我們必須愛孩子，因為這是物種繁衍的需求。

嬰兒這麼弱小，如果得不到成年人的愛，就無法活下去。但是，當我們面對未能如我們期許的那樣健康成長的兒女，我們不能不想，我們愛孩子是真的愛，還是因為孩子是我們幸福的一部分？當孩子成為我們生活的阻礙，甚至令我們蒙羞，我們還愛他們嗎？

那決定要變換性別的女子，若她曾經生兒育女，此刻她還是母親嗎？

那決定離棄孩子的女子，當孩子與她自己的幸福相衝突，她有罪嗎？

那發現自己的婚姻是一場重大騙局的女子，當她覺得她的孩子只是一樁「產物」時，她有沒有權利不愛這孩子？

那決定追求事業的女子，必須放棄孩子的某些利益，她的孩子能指責她嗎？

那無論如何都不愛孩子的女子，誰能說她不曾努力過？

有些孩子，終將傷害到我們，該怎麼辦？

我讀過一個很可怕的故事，有個孩子生下來就有暴力傾向，剛能抓起積木就會砸向身邊的人，剛學會用刀叉就攻擊別人，三歲就已經傷害過母親。這肯定是病態，但專家對他束手無策，專家也不知道是什麼病，是病毒感染還是基因變異。他不會變好，因為他天生就是這樣。母親也不能放棄養育，因為她是母親。縱然孩子傷害的第一個人有可能就是母親，但在這一天來臨之前，母親什麼都不能做。

母性也許只是一時衝動。當一個人面臨人生的很多困難，可能不知道該怎麼做。也許會自我激勵：「我是母親，我必須撐下去。」孩子成為最強大的心理支持。也許會失聲痛哭：「如果沒有你，我現在會好得多。」兩種可能都存在，人性有多堅強，就有多怯弱。

我只能說我很慶幸，我沒有經歷過最嚴苛的考驗，並且幸運的是，在養育孩子的過程中，我慢慢地愛上了我的孩子。

這份愛也許來源於一次哭泣，我抱著她餵奶，眼淚掉到了她的臉上。她一驚，停下了吮吸，認真地看著我。在我最軟弱的時候，是她在陪伴我。

她三四個月大的時候，已經能漸漸認出我的臉。我去一趟超市回來，她總是很激動，眉開眼笑地往上撲，要我抱。

也許是她快一歲的時候，我有一次出差，雖然只有兩三天，但我回到家的時候，她最開始不認識我，但又好像覺得我與她有什麼關係，於是皺著眉頭、盯著我思索，就好像她在動用她小小的 CPU（電腦中央處理器）。片刻，匹配成功，她認出了我，這是媽媽呀。於是，她哇哇叫，兩隻小腳亂踢，上半身拼命向我傾過來，用了吃奶的力氣伸開胖胖的雙手。她要我，她愛我。

所以，也許我是一個平庸的人，我愛孩子，是因為孩子先愛我。是孩子的愛，喚起了我的愛。孩子是星星點點的小火苗，終於讓我燃起熊熊大火。

大部分的親子之愛就是如此來的吧，成年人給予養育，孩子給予愛，孩子的愛，喚起了成年人的愛。這是良性循環。

生孩子的一百個理由

一段能讓你「把心安放」的關係

我見過好幾位朋友一步一步規劃他們的人生。

其中一位我年輕的時候就認識，現在已經是「德高望重」之人。他與女朋友都來自窮鄉僻壤，在大學遇到彼此。他想如果兩人都回老家呢，以後就永遠過小城青年的生活；都留在大城市呢，未必能上戶口，未必能買房子；雙雙讀研究所呢，有生活壓力。最後他決定先讓女朋友工作，而他讀研究所，等他工作了，再供女朋友讀書。就像年輕的居里夫人曾經與姐姐輪流當家庭教師供對方讀書一樣。他們這麼決定，也這麼做了。他們在研究生宿舍裡結的婚，用收到的紅包買了鍋碗瓢盆。丈夫工作之後有了公司宿舍，可以多放一張床了，就要了孩子。然後，丈夫留校任教，妻子在外面的公司工作，小孩在大學附屬幼稚園、附小、附中……一路長大。

他在海外做訪問學者期間，就帶上了妻子與小孩。在當地，他們又有了第二個孩子。所有的時間點都是計算過的，不冒進也不遲疑。現在放開了三孩，以我對他的認識，我知道他會躍躍欲試，但他絕對會與妻子詳細認真地考慮，最後做出穩妥的決定。成人的力量能拓展出多大的天空，就能決定這片天空之下，是要一個孩子，抑或兩個。這是一種務實且樸素的人生模式，生育是一個長期專案，父母都是「專案經理」。

另一位是我在北京期間的鄰居。當時，北京房價尚未飛漲，四環內外還有普通人買得起的房子，尤其是那些房型不太好、方位不太好的房子。當時我所在的社區，剩下的最後一間房子是在保暖層，這就意味著比其他房子矮一些，所以遲遲沒有賣掉。

有一天，一個陌生人加了我的通訊軟體，他是轉了無數道彎，由熟人介紹過來的，問了許多關於房子、社區和物業的細節。

當我們成為鄰居後，我第一次去他家，赫然發現，兩室一廳裡，唯一的傢俱就是一張床，唯一的電器是冰箱，沒有電視，沒有桌椅。光是房子的首付就用盡雙方家庭的所有積蓄。

此後幾乎每個週末，他們都在逛遠遠近近的傢俱市場、大型賣場，有時也帶著我去。我跟著他們，學會了挑選抽水馬桶。我與他們在同一個賣場買過同一個型號的長餐桌，我買的價格是一千六百元人民幣帶四張椅子，他們買下來是一千兩百元人民幣帶六張椅子，賣家還送了一個小板凳。

這巨大的價格差異是如何實現的？那張餐桌，他們足足看了兩個月，與賣家殺了兩個月的價。無論賣家怎麼搖頭拒絕，他們就是嘴很甜地說：「我們就要您這張樣品桌，反正也放幾個月了。」到最後賣家鬆口了。

那把小板凳是怎麼回事？她一屁股坐在小板凳上就不肯走了，非得讓人家送她。當時，她已經懷孕了，大肚子好像也是一種分量：「我替我肚子裡的孩子，拜託了。」就連在IKEA買的抱枕，發現家樂福便宜五塊人民幣，夫妻倆也立刻去退。

我親眼看著他們，像燕子銜泥一樣，一點點地把他們的家布置好。我也看過她做的表格，上面列出附近所有的幼稚園、小學、打疫苗的地方，連哪家社區醫院能掛急診都打聽好了。她絮絮給我算過，月子裡，誰家的父母來照顧，還有另一家會有個表妹到北京上學，也能幫個忙。他們將如何用櫃子隔出空間，擺下兩張大床和一張嬰兒床。

也許大部分婚姻是一地雞毛，但那些有智慧的人，能用雞毛攢出一隻雞窩，再在雞窩裡養一隻金鳳凰。

另一位朋友，結婚三年才買房，每天去監督裝修，向我們吐槽裝修隊的種種不靠譜。他每週都和妻子去聽孕婦講堂。我們問：「懷上了？」他說：「怎麼會？裝修汙染太嚴重了。」「沒懷為什麼要上課？」他正色道：「懷了才發現該知道的知識沒有，還來得及嗎？」就是從他那裡，我第一次知道，還有最佳孕育時間這一說。專家在課堂上講：「孩子最好出生在四五月，春和景明，可以天天抱出去玩兒不缺鈣……」他給我們講到這裡時，輕輕地一擊掌：「我和我老婆也是這麼想的。」

那一瞬間，我看到了幸福，燃燒著的，流動著的，在一木一瓦中、在每次聽課中的幸福。而一個與愛情有關的孩子，便已經是受眾神祝福的。

所以，如果你遇到讓你安心的人，準備進入一段關係，如拼圖碎片進入它的框，雖然你還看不到整幅畫完成時的樣子，是深藍的夜空，抑或一叢馥郁的繡球花，但這是你「對」的位置，你是畫面上不可或缺的一角。

那麼，你可以為這段關係做些什麼呢？養寵物是個選擇，種一棵花椒樹也是，而生個小孩，像拼對了一片拼圖，立刻延展出一排，也是個很不錯的選擇。因為你的幸福，可以有人分享；而那新生的小人兒，又能為這幸福錦上添花。如果婚姻是同舟共濟，孩子就是壓艙石；如果婚姻是比翼齊飛，孩子就是等待著你們的雛鳥。

當丈夫撫著你的臉說：「我們要個孩子吧？」且慢，不要衝動，切忌立刻答應。最情投意合的瞬間，像火鍋滾燙地上桌，熱香撲面，但一定要有耐心，讓它慢慢地涼到可以享用的溫度。讓新婚的熱情稍微冷卻，讓缺點暴露，他終於不再抱著你睡覺，把手從你頭底下抽回去，說壓痲了；你才知道男人說的洗澡僅僅指的是讓水流過身體；他實話實說，自己從來不喜歡你的閨密們；你還在猶豫，要不要告訴他，你很討厭他媽媽……

當你看過鄰居如何撫養孩子，先行一步的同事們也慷慨地表示，要把從上一代接過來的搖籃再傳給你時，你不知道自己是否該接受。當你和丈夫都做過全身健康檢查，匆匆看過令人滿意的結論，你知道生育大概意味著三年之內不能全職工作，而這可能是你職業生涯中很重要的三年，你將如何應對？

面對這些問題，你不需要全部想好答案。因為很多問題，需要一生的時間才能得到答案。其中有些問題，即使曾經讓你憂心忡忡，直到最後才發現它根本不存在。總之，幸福的婚姻，一年左右，就差不多可以考慮要個寶寶了。

人這一生為何而來？

或遲或早，每個人都會面臨一個問題，那就是你這一生為何而來？

你千辛萬苦讀了許多年的書，你每天營營役役，你為了買房節衣縮食，你連廚房的吸頂燈都貨比三家。這些都是為了什麼？

當你領悟到，自己本是世上微不足道的一個人，多你一個不多，少你一個不少，那麼，不如此刻就躺平，何必等到死後長眠？這種狀態，一般稱為「中年危機」。

年輕的時候會覺得，只要你努力，就會一直進步。到了中年，也許你會思考另一個問題：到底為什麼賺錢，為什麼工作？這需要一個答案。所以，在大部分情況下，是父母更需要自己的孩子，而不是孩子需要父母。

女兒小年四年級的時候，我送她去上奧數課（奧林匹克數學課）。補習班離我家其實很近，但等公車要等很久。又因為一直在修地鐵，路面擁堵，叫車也不是好的選項。

那時，共乘單車剛剛出現不久，我等車等得不耐煩了，對小年說：「如果沒有你，我騎個自行車就去你奧數班了。」她回我：「如果沒有我，你去奧數班做什麼呢？」她是無意中說的，卻給了我很大的啟示與震撼。是呀，如果沒有孩子，有時候，我們努力賺錢的意義在哪裡呢？

帶孩子上路，是負重前行，但是，如果不帶孩子，何必上路？或者，哪裡是前方？前進的方向是什麼？能把一生獻給某個壯麗事業的人，是很少的；有巨大天分的人，寥寥無幾；肩扛使命而生的人，更是微乎其微。

而普通人往往要面對的問題也有很多。

我若是水，我流向何處去？

我若是器皿，我該盛裝什麼？

我若是火焰，我要點燃什麼？

是什麼讓我們珍惜生命？

是什麼讓我們願意花費時間精力去積聚財富？

是什麼動機讓我們不停步地學習？

在大多數情況下，為人父母需要一個動機，父母需要一個能夠依靠的人，而我同樣也是孩子的依靠，並且這依靠必須強大。所以，我從一開始就認真想過了，我要一個孩子，因為孩子能讓我更幸福更快樂。

我不知道，這種堅定的信心與要求，是不是愛。如果是，那麼我可以說，我在小年出生之前，就很愛她了。

給小靈魂一個見識世界的機會

有很多人會說：「沒有孩子是自己要求出生的，如果孩子們有選擇，也許他們寧願不出生。」所以父母必須對孩子負全責。但是，地球上，沒有生物是自己要求出生的。

你看那街邊的香樟樹，你以為它是自願在一天一地的廢氣裡呼吸嗎？

你看那街邊的流浪貓，你以為牠的生命是牠自己選的嗎？

那些肉眼不可見的黴菌，雖然你不希望它們進入你的浴室，但這不是你或者它們自己能決定的事，它們沒得選。

那麼，為什麼人類要認為自己有理由獨一無二？其他的生物都不能，但人類能？這個邏輯其實就和「我本將心向明月，奈何明月照溝渠」一樣。你憑什麼覺得，你是比溝渠高貴的事物？而且，胎兒們不可能有被詢問和回答的機會。所以每個人類，依然要按照原來的出生方式，像蚊子、像蟑螂、像所有朝生暮死的水蟲一樣，不問自來。也就是說，這是無解的。

那麼，發明「沒有孩子是自己要求出生的，如果孩子們有選擇，也許他們寧願不出生」這種說法，豈不意味著「原欠」。父母欠兒女，於是父母要用一生償還？你認同原罪嗎？生而為人，既有原罪，就要用一生贖罪。如果你接受這種說法，就默認在你出生之前，有一筆巨額債務在自己身上。那你先還完你的債，再向其他人追討。

樹本無心結子，父母亦無恩於子女。只是父母對子女有義務和責任，而在良好的互動關係裡，會有溫柔的愛。

樹亦無心來此世上，父母亦無欠於子女。誰也不必承諾誰應有一座玫瑰園，誰也不必抱怨說，我本來應該有一座玫瑰園。孩子的到來讓玫瑰園更加生機盎然。

生育不能根治百病

孩子的出生，不能令你的丈夫一夜成熟。

戀愛中的女子，抱怨男孩幼稚不懂事，過來人就說：「沒結婚時，都是這樣的，結了婚就好啦。」這樣的話，我在年輕的時候天天聽。結了婚，男人等於有一個親媽加一個「小媽」，更懶了，每天不是老媽做飯就是老婆做飯。過來人又說：「沒當爸就是這樣的，有小孩就好了。」

孩子的出生，並不能令男人一夜成熟。我見過新爸爸去飯店開房休息，理由是，他母親、岳母、老婆每天晚上要照顧小孩喝奶，小孩哭得他連覺都睡不好。他從來不覺得自己有義務出力，因為他覺得自己又沒奶，照顧孩子的人有那麼多，自己插手有用嗎？有多少男人在妻子的孕期、哺乳期有外遇，始終是個比例不詳的數位。新媽媽「內憂外患」，丈夫的所作所為也一點不讓她放心。

孩子的出生，不能令你的婆媳矛盾化解。恰恰相反，生孩子之前，你們還能虛與委蛇，保持表面上的客氣。孩子出生後，家事迅速翻了幾十倍，不是你媽媽照顧，就得你婆婆動手。趕上你婆婆既勤勞又不想自己做，既想教育你又無能為力，比如，她覺得有義務洗尿布但又實在不想洗，她既覺得有義務教導你，又實在沒什麼文化水準……如果是這樣，你們會矛盾大爆發。

雖然你們已經共同愛著一個人——你婆婆的兒子，你的丈夫；還將共同愛另一個人——你婆婆的孫子或孫女，你的兒女。但這不意味著，你看到她嚼碎食物餵你的小孩，你不怒火中燒；也不意味著，她能接受你一出月子就停止給孩子餵奶。你們始終是兩個獨立的人，各有各的經歷，各有各的價值觀，可能一生都不是朋友。

如果這些都想清楚了，那麼，我們可以進入下一場了，迎接一個孩子。

2
Chapter

生育是一場值得的冒險

當黃黃的潮水升高，漫過你的身體又緩緩退下，水漬總會乾的。你即使為了孩子胖成了一隻企鵝，相信我，生完小孩的你，又會變回原來的天鵝。這是一次身體的探險，你的身體將進入前所未有的世界，領略從未有過的風光，絕對不全是壞事。

生育不是什麼大公無私的事

有一天我在網上看到一個年輕女生提及單身生育，立刻就有人出來批評她：「自私！你想過孩子的感受嗎？孩子希望沒有父親嗎？」這給了我一個啟示，第一，到底有沒有人能證明，孩子「希望」有什麼或者「不希望」有什麼？第二，人類有各種育兒模式，到底能不能證明，哪一種模式是最符合孩子、最滿足孩子感受的？

首先，孩子都希望有父親嗎？母系社會時期，孩子們是在母親、外婆、姨和舅的共同撫養下長大的。在人類的歷史長河裡，群婚、對偶婚等都一一出現，但目前比較普遍的婚姻及育兒模式沒有一種是完美的。

傳統大家族式家庭，爺爺、奶奶、爸爸、媽媽、叔叔、伯伯、嬸嬸、伯母——自私，你們想過孩子的感受嗎？孩子希望有這麼一大堆親戚嗎？

一夫一妻制的核心家庭，爸媽和孩子——自私，你們想過孩子的感受嗎？孩子希望沒有爺爺奶奶嗎？你們忘了偉大的雨果嗎？他說：「世上可能有不愛孩子的父母，但絕對沒有不愛孩子的祖父母和外祖父母。」

單親或隔代養育——自私，你們想過孩子的感受嗎？孩子希望缺爸爸或媽媽嗎？

寄養式或社會養育式家庭，把孩子放在寄養家庭或托兒所、幼稚園——自私，你們想過孩子的感受嗎？孩子希望看不到爸媽嗎？無論是一年看不到一次，一個月看不到一次，抑或一天有半個小時看不到。

還有收養家庭……哪種不能說是自私的？

那麼，到底用什麼狀態，什麼樣的方式養育孩子，才算不自私，才是想到了孩子的感受，才是成全了孩子的希望，抑或生育本來就有自私的一面。

我曾經寫過中國第一位殘奧會冠軍的故事，她叫平亞麗，一生下來就被診斷患有先天白內障，是個盲人。她在盲人學校就開始短跑，在福利工廠工作時被選中參加殘奧會，為中國獲得了第一塊殘奧會金牌。

但這件事並沒有改變她的命運。她嫁給同廠的殘疾工人，生下一個盲人孩子。此後工廠倒閉，她沒了工作，離婚，還要撫養同樣殘疾的孩子。我記得她說，當時每天晚上她都在想：如何去死？怎麼才能保證她和孩子都死去？

她萬萬不能把孩子一個人留在世上，因為她自己就是孤兒，她八歲時，母親就去世了。因為盲人的行動力有限，所以行動範圍也是非常有限的，她死不了。白天，她就去做「身殘志堅」的演講，因為這是當時她唯一能找到的賺錢方式。

我記得，我當時邊寫邊流淚。要批評她的選擇嗎？身有殘疾，她就不應該做母親嗎？以當時的醫療水準和她的文化程度，她可能都無法確定殘疾會遺傳。就算她確定會遺傳，她有沒有權利做母親呢？這不好說，至少法律上沒有明文規定。

其實，我是比較不認同「子宮道德」這個詞的。因為這裡面包含了一件事，就是認為窮人、笨人、不好看的人、殘疾人士等群體的出現與存在，都是不道德的。因為知道自己的孩子或將如此，而決心孕育他們，就是子宮不道德。首先，這是你自己的道德觀念，是否可以用來評判其他人？其次，美醜、智愚、健康與否，都是相對的。

很多年前，有一檔節目叫《實話實說》，各地電視臺也推出了類似節目。有一期我記得，有一對聽障夫妻，生出了一個聽力正常的孩子。熱心人士願意送他們的小孩去全日制幼稚園，讓孩子能在正常的語言環境裡像一個健康孩子一樣長大。但這意味著孩子與父母之間將語言不通，無法交流。所以這對夫妻謝絕了熱心人的好意。

這件事在當地掀起了不小的風波，於是電視臺舉辦了一次談話節目。聽障夫妻與另一對夫妻一同上電視。後者與前者的情況截然相反，夫妻倆聽力正常，小孩卻沒有通過聽力測試。於是他們早早就給孩子裝了電子人工耳，天天帶他去做各種康復訓練，現在小孩耳聰目明，在正常小學裡念書。

那對夫妻講到自己對孩子的付出，現場觀眾都不禁落淚。而這一對殘疾人夫妻口不能言，只能比比畫畫，由翻譯說出他們的意思：你們會說話，你們就讓不會說的小孩也學會說話——你們為什麼不跟小孩一樣，學著不說話？我們雖然不會說話，但也能過得好，所以我們就覺得小孩也不需要會說話，為什麼我們一定要小孩學會說話？當時我年輕，毫無疑問地覺得這對殘疾人夫妻蠢得駭人聽聞。現在我年紀大了，再來回想，雖不認同，但是多多少少能理解一點他們的想法。

有一次，在清晨的地鐵上，同排座位上有兩個小孩特別吵，就聽見他們一個「啊啊」，另一個也「啊啊」，你喊過來我喊過去，他們打打鬧鬧，好吵。我心裡煩，突然意識到他們可能無法好好說話。我小心翼翼地抬頭偷看，兩個孩子應該都不到十歲，穿得格外密實，剛十一月，就戴著雷鋒帽，在武漢這樣的城市，不免誇張了些。

兩個人一直在用手語聊天，熱情洋溢，想吸引對方注意的時候，就「啊啊」叫，用手肘抵對方，就像普通孩子喊對方的名字。一位站在他們身前的中年女士，拍拍他們，指指車廂上方的電視螢幕說：「到了吧？別坐過站了。」也不知道是聽懂了，還是看出了對方的意圖，兩個人都向她比出「二」的手勢，顯然是還有兩站。中年女士點點頭，就下車了。兩站很快就到了，他們背起背包起身，跑到最前面一節車廂，趴在窗上看列車長開列車。看到高興時，兩個人互相抵，「啊啊」地叫著，讓對方來看。

我看著他們想到，究竟誰有權利，能夠不讓這樣的孩子來到這世界上？到底哪種方式，是對孩子最好的？

有人覺得那些堅持生下殘障孩子的父母不道德，但你並不會幫他們養育孩子；有人覺得有些父母貧窮，生小孩是沒有「子宮道德」，但貧窮富貴也是相對的。說來說去，子宮在每個女人身上。在大部分國家，養育孩子幾乎都是父母自己的事，大概是不能用「自私」或者「道德」這樣的詞來輕易評判的。

你在懷孕中可能遇到的問題

身體發生的奇妙變化

我在一家網紅餐廳吃飯，餐廳是由兩房一廳的民房改建的。所以桌子很少，間距也窄。幾乎就在我身邊的一位女士，向對面的人發牢騷：「就知道算人家女兒給家裡多少錢，有沒有算過自己給女兒多少？他們看著小電視，曬著小太陽，吹著小風過小日子，當然舒服了。他們哪裡想得到，自己的女兒大著肚子還要奔波。」

我忍不住很自然地瞥一眼她的大肚子。她是位穿著樸素的女士，沒化妝，黃黃的一張臉，幾乎是孕婦專有的臉色，我在婦產醫院見過很多這樣的人。

我經常跟年輕女子說：「所謂備孕，第一件事就是調理身體。」完整健檢一定要做，別以為年輕就是身體好的代名詞。口腔科一定要去，妊娠本身不會引起牙齦炎症，但由於孕期體內激素增多，使原有的炎症加重，孕婦容易發生妊娠性牙齦炎，據統計，發生率約五〇%，所以，一次系統的口腔健康檢查是必要的，該拔的拔，該補的補。你不會希望在孕期，智齒與你的胎兒一道萌發。牙疼的程度低於分娩，但如果兩者疊加，只怕如同地震與海嘯同時襲來。如果你想在孕期矯正牙齒，請諮詢醫生，如果你正在矯正牙齒，最好避孕。別忘了你與醫生制訂方案的時候，是照過X光的。還有別忘記了多補鈣。老話說：「生一個娃，掉一顆牙。」說的就是懷孕造成的骨質流失。還有適度健身，做孕婦操……

但是，我要更誠實地說，即使你做全了每一本備孕書中的一切要求，懷孕仍然是一個不可測的歷程，你不能完全知道迎接你的將是什麼。單說我自己在孕期中的有驚無險，一過性的肝功能受損、幾乎沒有間斷的出血、突發的蕁麻疹、耐糖量受損、子宮頸息肉……每一次我都追問醫生為什麼會如此？我掛的往往是特殊門診，醫生因此很耐心地回答：「沒有為什麼。」我慶幸到最後，我平平安安地生了小孩。

科學技術還沒有發展到能清晰地詮釋孕育是怎麼個過程，那就相當於宇宙起源，從零到無限大。身體裡的天翻地覆，鴻蒙初開，誰能完全知曉？有些是病，但更多的是「非病」。就像我此刻看著那位臉黃黃的孕婦，想到很多可能性，她的肝功能可能受損了，像我一樣；也許是她運氣特別不好，患上孕期膽汁淤積症，這是黃疸；也許只是黃種人的本來膚色，沒用帶美白的護膚品。

總之就是這樣，雖然坊間會有很多書和影片，教你如何美美地做個孕婦。但客觀上，孕婦就是容易發胖，會變得沒那麼好看。無論擦油多頻繁，也說不定在某一天，突然看到肚皮上「綻放」出花樹般的妊娠紋。

但是，就像我剛剛說的一過性。當黃黃的潮水升高，漫過你的身體又緩緩退下，水漬總會乾的。你即使為了孩子胖成了一隻企鵝，相信我，生完小孩的你，又會變回原來的天鵝。這是一次身體的探險，你的身體將進入前所未有的世界，領略從未有過的風光，絕對不全是壞事。

我是在懷孕之後，才開始意識到「核心穩定」的意義。我原來胡亂做做瑜伽，也去過多次健身房。我知道核心是指身體中段，但我不知道它為什麼一定要穩定。直到我懷孕，突然間我需要用數學知識，來確保自己的安全無虞。下樓梯的時候，我要先預判這一步下去有多遠；站起來之前，我需要握住一個助力的東西。我意識到我的核心是軟弱的，撐不起我的孕期，可能也將撐不起我的晚年。當我牢牢地站立於大地，如山如嶽，我找到了產後健身的方向。

孕產是對心理素質的考驗

懷胎十月是一場修行，越到瓜熟蒂落，風險越大，所以其實早期根本不用孕檢，三個月後才開始一個月一次，而孕晚期是一週一次。但孕婦們的反應，卻恰恰相反。我見過懷孕六週的女子一見紅，就慌慌張張半夜去掛急診，而那位懷孕三十六週的女子，一聽到醫生讓她準備剖腹產，立刻冷靜地打電話給老公，讓老公送待產包。

為什麼？因為每一次產檢，你都可能受到一次驚嚇，心驚肉跳到一定程度，負負得正，返璞歸真了。有時候醫生隨口說一句「胎心有點慢」，孕婦能回家哭到下一次產檢。也可能是繁雜的資料裡，有一兩個值偏高偏低，往往還只是臨界，孕婦還沒出診室門口，已經掏出手機搜索，務必要弄清那個值是什麼。

你哭泣，你詢問，你尋求安慰，而這時，也許銳利如你已經漸漸發現，情緒價值毫無幫助。一萬個人握著你的手說沒事的，都沒用。網上支離破碎的訊息只會讓你煩上加煩。網路是無邊大海，浩瀚裡有的是珍珠與真金，但你不是專業人士，你淘不到。

既然如此，不如就踏踏實實照醫生說的來。讓你觀察就觀察，一天天記錄胎動；讓你多喝水，就去買一個驚人的大杯子；驚也無用，急也無用，還是按部就班往前走吧。當別人對你的痛楚毫不在意時，你也要學會心神平靜，這樣對你和孩子都好。

朋友瑾瑾的身高一七四公分，孕前六十公斤，懷孕到臨盆之前，升到九十九公斤。她說這還是她努力控制，堅決不想衝到三位數的。結果。我問她：「那寶寶幾公克？」她說：「三千公克。」

她還是剖腹的——孩子臍帶繞頸加胎位不正。

生產完之後，她一時半會兒沒奶，她媽就說：「你白長了二十公斤，全長你自己身上了，一點也不分給孩子，到現在，連奶都不給孩子。」她無地自容，覺得自己簡直有罪。她也很著急，她也不是有意的，也不是她捂著不想給孩子吃的呀。但是，怎麼把這一身肉變成乳汁呀？

她隔壁床的產婦，孕前五十五公斤，生育前的最高體重五十九公斤，就多了四公斤，孩子三千八百公克。自然產，全母乳，奶跟噴泉似的。隔壁床的親友來看月子，全部都是讚美：「媽媽太偉大了」、「媽媽好勇敢」、「媽媽很厲害」等等。她的親友看她，全是：「你是不是懷孕時候吃的東西不對呀？」、「你吃哪一種孕婦奶粉，說出來我們避個雷。」、「你孩子小會不會是因為你長太胖了，脂肪把子宮壓扁呀？」

她當時就產後憂鬱了，到現在孩子五歲，她的體重基本回到了孕前。但她說：「你們是不是覺得像我們這種人高馬大的，就該內心是個鐵漢子呀？我當時內心的傷、我的心理陰影都無法抹去。」我說：「的確有點，不過孕檢的時候，醫生沒讓你控制體重嗎？」她說：「我血糖什麼的都是好的呀。我控制了呀，我光吃小米粥都嗖嗖長，我有什麼辦法？你別問了，這問題我被問過幾千遍了，你再問我，我產後憂鬱就要復發了。」

她現在第二胎在肚子裡，明年五月生。她已經警告所有親友，你們可以不來看我，也可以不關心我，但請你們也收回那些「批評」，比如「你為什麼沒奶」、「你居然不能自然產」的問題，我聽了能開心嗎？

你的男人可能不可靠

當你將要成為母親的時候，你會驚駭地發現，你身邊的這個男人，竟然會在重要時刻出錯。他當然是喜歡孩子的，當你嬌羞且快樂地告訴他這件事，他恨不能向全世界廣而告之，非常有成就感，我都能弄出一孩子了。幸虧他不抽菸，不然准像外國人似的，嘴上叼一雪茄，神吹海吹。他以為這就是全部了，你懷你生你養，男人從來沒想過這件事裡面，自己居然還要出力，有他什麼事呀？他不應該是無功受祿那個嗎？

而懷孕的女人卻是戰戰兢兢的，因為她懷了一生的命運與責任，她肩上有重擔，肚裡有抱負，她必須緊緊抓著什麼，下意識地依賴配偶，但如果他不堪依賴呢？這樣的故事在現實當中也多有發生。

故事一：

還是掛號排大長隊的時代，妻子算著時間要做第一次產檢，要丈夫陪。丈夫莫名其妙，疑惑檢查有什麼可陪的。到了那天，八點開診，妻子七點催丈夫出發，丈夫在床上翻個身說：「醫生上了班也不能立刻做事吧，怎麼也得等到九點吧。」好不容易起了床，丈夫還要求得吃個早餐。結果，到醫院的時候，掛號窗口空無一人，丈夫說：「你看，根本就不用排隊。」湊過去一看，窗口是關著的。一問櫃台，才得知連下午的號都沒了。護士說：「別人都是七點排隊，八點就掛完了。」丈夫不服氣，要換一家醫院看看。他們去了更好的醫院，人家都是前一天晚上就來排隊的。妻子還沒怎麼樣，丈夫先煩了：「以後檢查你自己來，我沒工夫和你白跑。」這個故事的結局是他們離婚了，而他們的兒子只有三個半月大。

故事二：

丈夫很委屈，卻又不知道這委屈從何而來。妻子本是個很堅強很開朗的女子，懷孕到第六個月，還什麼都自己來。妻子一直在上班，仍然是一站一整天，經常是深夜回家。她想泡一下澡，放鬆疲憊至極的雙腿。而浴室地面太滑，浴缸邊緣又太高。妻子喊丈夫扶自己一把，扶自己進浴缸，泡完了又喊丈夫把自己扶出來。丈夫來了，但一臉的懵懂，他不理解這麼一點事幹嘛還指使人，他完全是懷著聖母般的偉大情懷在「慣她這毛病」。

她的婆婆、他的母親是位明理的老人，經常打電話來叮囑兒子：「你要多做家事，必須讓她多休息。」婆婆請了鐘點工給他們打掃做飯，他們到家的時候，要不吃現成的，要不熱一下，剩下的家事也就是洗碗了，他萬般無奈地接了過去。

過了很久，他才坦露心聲，在幽暗的廚房裡，握住滿是油膩的碗筷，他滿心都是委屈。他明知道沒什麼可委屈的，這是他該做的，但就是委屈。外面是亮閃閃的客廳，她躺在沙發上，舒服地安頓好大肚子，在用電視轉接看手機上的影片。適度的吵鬧、有節制的溫暖，越發襯出他的可憐，他一個人，像棄兒般地在洗碗。像被父母冤枉的小孩，像受了虐待，他差點想扔下碗筷離家出走。幸好，他沒有。

故事三：

每位產婦可能都遇過這樣的場面，產檢現場，一位產婦哭成淚人：「不可能，我是規規矩矩的，我只有我老公一個男人，肯定是錯了……」醫生平靜地說道：「孕期免疫能力低，有可能在外面用了公共浴室或者飯店的馬桶……」那產婦還會負隅頑抗：「我沒有，我連飯店都沒住過。」總是在她離開之後，候診的產婦音量才開始增加，見多識廣的護理師也參與評論：「就是這樣，老婆一懷孕一坐月子，男的就管不住自己，然後把病帶給老婆……」有些語言像不祥的潮水。我的孕期特別不順利，我住過三次院，做過十三次超音波，分別去過四家醫院做檢查。我上過不同醫院的孕婦講堂，我產檢的次數不計其數……所以這樣的刺激性畫面，我都目睹過不止一次。

曾經，你是個女孩，你結婚只是為了愛情。你所有的擇偶標準，都是在為自己尋找伴侶。但此刻，你即將是母親，而你將為你的孩子找一個什麼樣的父親呢？是懶惰的、嬌縱的、自私的、軟弱的、冷漠的，抑或是熱情得像孩子的大哥哥，睿智得能夠做孩子的老師，寬容得能夠咽下養家的辛苦委屈，強大得能夠做一個家的梁與柱。

當你的想法改變，行動也都隨之改變。和他好好談一談吧，吐露你的心聲，傾訴你的恐懼和對未來的期望。此刻，他不能扶蹣跚的你過馬路，那你將來如何讓他拉著學步的孩子看紅綠燈？是的，你是不太需要照顧的成年人，哪怕你正在懷孕，所以正好可以練習。否則，你準備把你珍貴如泰山的幼兒直接塞給這個手足無措的男人嗎？如果他現在都覺得給大肚子行動不便的老婆洗腳很辛苦，那麼他將來也可能會覺得養育小孩是一件更麻煩的事。

有時候，不是思想改變行動，而是行動改變思想。要讓你的男人知道，男人有了一個家，不是來當大老爺的，而是來照顧家人的。多多分享吧，這分享可能是行動，比如，讓他放下手機，陪你一起散步。即使是一小段路，你也可能會出很多狀況，當你突然想小便，一點不誇張，因為你膨大起來的肚子會壓迫到你所有的臟器，也包括膀胱。兩個人只好慌慌張張找廁所，對著門衛低聲下氣。這種記憶是珍貴的，是一種城市裡的相濡以沫、相互依靠。

也可以是語言上的分享，告訴他你的恐懼，萬一孩子不好怎麼辦？超音波、3D立體超音波、羊膜穿刺……沒有一個可以百分之百保證你的寶寶完整無瑕。告訴他你的擔心。

但有時不應只停留在語言上，還要有身體上的親密。讓他幫你按按你浮腫起來的腿腳，一按一個小坑，半天才慢慢地平復。那幾乎是令人吃驚的，尤其是對沒有經歷過的人來說，即使他嘻嘻哈哈覺得很好玩，也是一次衝擊。這種「親手按及」，遠超過你對他說你的辛苦和疲勞……

此時的你，是隻雌企鵝，你要你的雄企鵝給你很多很多的愛。我們都知道，雄企鵝也是高度參與育兒的。

孕期面對的殘酷數字

我懷孕的時候，遇到的第一個殘酷數字是流產率，在所有臨床確認的妊娠中，自然流產的發生率約為一五%。如果你覺得這個數字不算可怕，那你可以想想，什麼人會出於什麼目的去搜索這條資訊。沒錯，我在見紅，醫生給我下的診斷是先兆流產。如果這還不夠恐怖，那麼在我懷孕二十六週時，醫生下的診斷是早發性早產，而且醫生說：「如果你現在有產兆了，不能保證你的孩子存活，不能保證健康，任何國家任何醫院都不能保證。」

這時候，一五%這個數字，像是黑閃電一樣無聲劃過。不知道為什麼，還有很多一五%。在所有妊娠期糖尿病患者中，有一五%會轉為終身糖尿病。我曾經被下過妊娠期糖尿病的診斷。FGR（胎兒生長受限）患者中，有一五%終身受限。我的孩子，被下過 FGR 的診斷。我要實話實說，我目前血糖偏高，但我疑心是我自己控制得不好，因為我的孩子始終長得不高，處於正常值中的偏下水準。

我並不能百分之百確定，我屬於八五％中的幸運兒。

甚至更殘酷的數字也有可能發生。

二〇一四年，一個朋友突然打電話給我，就在幾個月前她才告訴我她懷孕的消息。我想當然地準備說恭喜，立刻打開購物平台搜尋「哺乳枕」，她卻說：「姐姐，我的孩子出問題了。」

最後一次產檢後，丈夫溫柔地跟她說，他推算過八字，想讓孩子提前出來。她雖然取笑丈夫的迷信，但還是順從了。當時她很奇怪為什麼不是剖腹產，而是讓她痛了六天六夜。以我多舛的產育經驗，這是在為她孕育第二胎做準備。因為剖腹產之後至少要等待一年到三年，才能再次受孕，而自然產幾乎沒有時間限制。

朋友來不及餵奶，不曾親眼看到孩子的樣子，誰也不肯說到底怎麼回事。家人一直騙她說孩子在 NICU（新生兒監護病房），直到她以絕食拔管相威脅，家人們看實在瞞不下去了，才說：「這個孩子，和我們家沒緣分。」

朋友哭成淚人：「孩子落地時是活著的，我聽見他哭了。我聽見了。」沒有什麼可說的，這是命。我唯一的安慰是：「孩子還會來的，聽話，你養好身體，月子裡哭會傷眼睛的。」她聽而不聞：「就算他有病有殘疾，難道就沒有第二種選擇嗎？姐姐，如果是你，你怎麼做？」

我突然明白她為什麼打電話給我，因為我也曾是被命運捉弄的人。從懷孕的第五個月起，我每天都在問：「怎麼辦？」我慶幸那只是一次生命中的模擬考試，最嚴峻的考驗並沒有發生在我身上。我實話實說：「你沒有做錯什麼，我的選擇會和你家人一樣。」而到了二〇二一年，她的日子甜蜜喜悅。女兒剛剛上小學，她像許多媽媽一樣，在考慮要不要生第三個。她抗拒「老大回來了」的說法，因為每個孩子都是獨特的自己。

沒有一條路是絕路。

厄運是魔鬼在遊戲人間，而幸運是上帝的匿名方式。

3
Chapter

孩子，媽媽將是你在世上認識的第一個人

我說的是真的。前三個月，帶小孩是純苦役，沒有快樂，只有各種肉體上的疼痛和疲勞；沒有成就感，三個月的小孩連頭都不會抬，就是一團肉；沒有回報，無論你為這個小孩做了多少事，做得有多好，他都不認識你，都只會發出強烈的哭聲，而且誰的奶都一樣，真正應了那句話，「有奶就是娘」。

人生前半場，我從來沒有遇到這麼難的事。我能在完全不愛，且沒有回饋的事情上堅持，純粹因為我是母親，我別無選擇。

生產之痛

第一次看你不太順眼

一堆人亂哄哄地要把我從車上移到病床上，旁觀過那麼多次，我知道，需要一個人在床頭接應，一人抬頭，一兩個人抬腳，還要有幾個人在身旁幫手，才能把產婦順順當當地安放在床上。而我媽一急，當時就脫鞋，準備上床接住我。我也急，掙扎著叫出來：「我自己來。」我只是局部麻醉，雖然全身都是軟的，胳膊上還插著一堆針，但腿沒問題。不知道誰笑了出來：「這姑娘還挺能耐的。」護士長也扯著嗓子喊：「別讓老太太上，別摔著她倆，哪位能幫個忙？」

我有心無力，使不上勁。任自己像一截死沉死沉的木頭樁子似的，在一堆手亂紛紛的承托下著了陸。腿感覺到了床，背也感覺到了床，但腿和背像是兩個獨立的部分，中間缺了一塊，我的腰彷彿被拿掉了。我像在《德州電鋸殺人狂》中被割成兩截的身體，又像魔術箱中被鋸斷的活人。不過沒關係，魔術師向四面鞠完躬之後，又會把箱子拼回原處，他的女助手又會一躍出魔術箱，之後就活蹦亂跳了。

我旁聽過很多次的術後事項，終於這一次變成了主聽者。術後六小時禁食禁水，渴的時候可以用棉花棒沾水潤唇；尿管二十四小時後拔下，留意排氣，排氣後方可進食。

一堆人始終在我旁邊，打針插管問長問短，然後唰的一下像度假旺季結束，遊客各回各家，小商小販們收起藍白條的涼棚關門歇業，曾經的笑聲尖叫都是泡沫，消失在萬里晴空中。在空無一人的沙灘，我是被遺棄的。我不知道該做什麼，什麼是一個母親該有的樣子。

我的女兒睡在我身邊的小床上，一聲不吭。剖腹產對於她來說是一種擅入民宅吧？她原本是蠶，蜷在繭裡；她也是雛，嫩黃的喙正在積聚硬度，時機一到，一啄即破。當她的安眠被打破了，好夢正酣的她被抱出來。光，好刺眼；世界，好吵。

她知道這一堆是「人類」嗎？她將長成人類。

她知道這一些亂七八糟的聲音是語言嗎？她將學會語言。

她像所有被擾了瞌睡的小朋友一樣，抗議地哭過兩聲，就迅速忘記了曾經的巢，重新睡著了，只是皺著眉。用我媽的話就是：「看那大眉頭皺的。」從小讀到的書上都說新生兒很醜，像小老頭，滿臉皺紋，紅撲撲的。至少小年不是。她的頭只有我拳頭般大小，上半部分像橄欖一樣尖尖的，有明顯的「被拉長感」。

不是說難產、被吸盤吸出來的孩子才會這樣嗎？我疏通馬桶的時候，用過搋子。每次讓它緊密貼合在瓷壁上，用力一拔的時候，簡直有「力拔山兮氣蓋世」的錯覺。我知道吸盤的力量能有多大，嬰兒小小的頭顱、柔軟的頭蓋骨，被拉得變形，似乎也很合理。好像也有人說過，這是產道擠壓的後果，但我是剖腹的呀，因此我很不理解。我媽說：「已經入盆了呀。」入盆就會這樣嗎？我想到大腸、小腸的橫截面圖，當填滿食物後，會飽脹得如棒狀氣球，把子宮壓得窄窄的。

女兒的頭髮從頭頂開始，黑黑軟軟地鋪到腦後。那是令人不敢觸及的柔髮，前額則是如新剃鬍鬚般一片青森森的毛茬。我立刻擔心起來：「她不會禿頭吧？」我媽說：「你吃飽了撐的。」

女兒右眼皮上方有一塊紅印，我立刻想起霍桑的《胎記》，在喬治亞娜左邊臉頰的中心有一個奇異的印記，它的形狀很像一隻人手。雖然它只有身材最小的精靈的手那般大小，但愛喬治亞娜的人總說，在她出生的時刻，有個仙女把手按在這嬰兒的臉頰上，因而留下了這個印記，作為她具有顛倒眾生的魅力標誌。

痛之樂章

要如何書寫疼痛？哪一種表達最清晰準確，最能讓你感同身受？少年時讀過一本書，書名只有簡潔明瞭的一個字——「痛」。書裡面說到，痛的特徵之一就是無法表達，不能傳遞。你聽見我的吸氣聲；你看見我緊緊閉著的眼睛；你感覺到我攥緊且滿是大汗的手；你知道這些是痛，但到此為止。你不知我的痛，正如我也不知你的痛。

荒原進春後，能聽見大地一寸寸被拆裂的劈啪聲。厚厚的積雪鬆動，從山崖上跌落下來，砰砰之聲不絕於耳。草芽先醒，拔出新葉，剛從睡夢中轉醒的羚羊就有了早餐。等綠葉鋪滿，馬鹿初熟，再讓肉食動物們告別漫長的冬眠，幸福地大快朵頤。但萬事萬物有它自己的時序，春天不能用按部就班來形容，身體也是。

我以為會是知覺先醒，疼痛再跟上。但我不知道，疼痛會像開閘放水一樣，只要有一線隙縫，它就會洶湧地淹沒我。預防針是早就打了的，孕期第二次住院的時候，鄰床的產婦告訴我：「最疼的是宮縮。那疼得一陣一陣的，像要撕開一樣。」我問：「剖腹產的也宮縮？」「九個月呢，脹得那麼大，不宮縮回去，難道永遠那麼大呀？剖腹產的就是不能自然縮，得打針縮，疼是一樣疼呀。生孩子就疼在一個宮縮上。」

我才明白原來剖腹產也就是把產前痛變成了產後痛。同一種疼痛，無論前置後置，應該都不會影響其本質和力度吧。要我說，我還是寧願選擇產後痛。我見過鄰床產婦在沉默中迸出石破天驚的一句：「我疼得不行了。」我也聽過遠處不知哪床的產婦在尖叫：「讓我剖，快讓我剖，疼死了。」比疼痛更強烈的是恐懼，我能挨得過去嗎？我的孩子能夠挨得過去嗎？我的疼會傳遞給孩子嗎？孩子是否在我的產道裡同樣掙扎痙攣？這是否是命運給予的最明確的指令，要絞殺我與我的孩子？這一切，什麼時候是個頭，讓我能看到、抱到我的孩子？

產後疼痛終於塵埃落定，當你的孩子就睡在你身邊，不聲不響，合眼微蜷，如還在胎中，如蓮花輕輕合上所有花瓣。疼痛，來吧！我知道你傷不了我，像尼羅河水淹沒原野，只會令它更肥沃；像壓路機經過柏油路，只會令它更堅固。

在我不能忍受的時候，我想到我上了自控式止痛，整個現代醫學撐著我的背脊，幫我對抗你。你在我肚子裡虛張聲勢，你撐我，像小老鼠想撐開蟒蛇；你又撕又咬，你會一鼓作氣，再而衰，三而竭，而我不動如山。

兩個護理師走過來，先看看所有的針頭、管子，調調這個，動動那個，然後說：「給你按摩子宮了。」我仰躺著，看不到她們的動作，突然間，像井口打開，石油噴發，肚子上的痛轟的一聲爆開來，我忍不住短促地悶哼一聲。一隻或者一雙手，不，可能是兩雙手，在我的肚子上有力地按下去，鋪天蓋地壓過來的都是痛，一下，又一下。我想踢腿，踢不動；我想叫喊，又怕太丟人；我的手在空中亂抓，給我什麼都好，一根欄杆或是一根稻草。突然間，一隻手握住了我的手，我媽。完全是下意識的，我的呼吸與她們的手勢同步。每按完一次，我都長舒一次氣。再一次，我就痛得屏住呼吸。忍不住，我想蜷曲起來。「放鬆放鬆，越這樣越疼。按摩是幫助你宮縮的，讓你排惡露的。」我媽教我：「深呼吸，深呼吸，按之前先深呼吸，隨著按的過程慢慢吐出來……對，對，就這樣……」我痛得七葷八素，都不知道是怎麼做對的。

她們停手了，俐落地幫我重新綁上束腹帶，問我：「能承受嗎？」我點頭，她們就用力再拉緊一點兒，黏好。束腹帶真是好東西，像鐵籠一樣困住了痛之猛獸，它的爪和牙立刻失去了用武之地。她們俐落地幫我把被角塞好：「過三個小時，我們再來。你放心，會越來越不疼的。」我想咬著大臼齒說句豪言壯語，奈何痛得一句話也說不出來。一共按摩了幾次肚子，我也想不起來了。

我牢牢記得產前護理師們說的話：「如果二十四小時之內不能拔掉尿管，就永遠拔不掉了。」我連想都沒想過要帶著尿管過一輩子。我知道要排了氣才能進食，才能履行「吃的是草，擠的是奶」的重任。

但如何才能排氣？忘記是誰告訴我要多活動，最好在四個小時之內就自己下床上廁所。當許多知覺混在一起時，痛覺與痛覺也要分個先來後到，之後不再是胎動而是宮縮。

我疑心我並不曾感到尿意，只是我太緊張，我不想錯過四個小時的黃金視窗，便說：「我要去洗手間。」我稍微一挪，就是一陣鑽心的痛。又不敢把自己龐大的身軀交到我媽手裡，所以我招來了兩位護理師。下床和上床一樣艱難，一個搬腿一個移頭，我拼命地用手肘支起身體，迎來一陣劇痛。我手一軟，跌回時居然沒有聲響，因為我的身體根本沒離開過床板。

我對自己說：「人家可以，你有什麼不可以？孩子都生了的女人，還有什麼好怕痛的？」容我慢慢來，動作分解如下，第一步，挪到床沿上；第二步，直起上半身；第三步，把腿移到地面上，有著地感；第四步，慢慢站起來。

我一陣陣暈眩，腿軟得像棉絮，感覺隨時會轟然倒塌，碎得塵歸塵，土歸土。傷口疼得我齜牙咧嘴，我咬牙閉眼，等痛覺過去，像峽谷知道大風不會終日不休。若是它盤踞下來呢？也好，習慣了痛的人將不覺得痛。

護理師一左一右攙著我，我定定神，抽出一邊手臂：「一個就夠。」因為三個人節奏難以統一，更容易扯到傷口。一步一步，我連滾帶爬，扶牆進扶牆出。我在馬桶上坐下，又是一陣擾攘。我坐定，微微用力，抽痛像是電流，倏地通過我，我身體枯竭，坐了幾秒，還是沒有尿意。護理師肯定地說：「有的，你看你今天打了多少點滴，那都是生理食鹽水。產婦第一次會比較困難，是正常的，再堅持一下。」她嚇唬我：「你看，你現在回去，過一會兒還得再下一次床，再受一次痛。」她又換個主題嚇唬我：「不然再把導尿管插回去？」我艱難地調整了坐姿，調適用力的方式，忍受一抽一抽的痛……

嗯，好了。

此後，傷口從痛到癢，到臟器不明所以的隱痛，一直伴隨著我。但恕我誠實地說，其實我已經不記得這些感覺了，包括上面寫的這一切。如果不是我保持著寫作的習慣——我在床頭櫃上放了紙筆，隨時記一筆。這些瑣碎的事，像狂風經過沙漠，沙漠雖然被擾亂了，但黃沙不會留下任何風經過的痕跡。關於痛的形容，來自紙上的亂畫，電流、地震、刀割……我當時一定在非常努力地分辨著痛，記錄著痛，但時隔多年後，本體和喻體我都想不起來了。

何以如此？這是人類「好了傷疤忘了痛」的本性。你知道那是痛苦，但你會忘掉所有真切的細節。你記得恐懼，但你說不出痛是什麼樣子。

你不會比女王更痛

一八四〇年，年輕的維多利亞女王二十一歲，正在生育她的第一個孩子。她牙關緊咬，頭髮紛亂。她無力地左右擺頭，表情猙獰。蓋在她身上的被褥隨著她的掙扎在起落，如地震一般。但為什麼，一切都是無聲的，連嗚咽都被鎖在喉間，不允許彈向空中？答案很簡單，產床外，僅僅被一道屏風隔開的，是黑壓壓的各國大使及文武百官；而城堡之外，是仰著頭在聆聽的無數倫敦人民。她是一個最軟弱無助的產婦，她也是一個大國的女王，在任何時刻，都有尊嚴與體面要捍衛。

所有人都在等待，想知道這一場兒奔生、娘奔死的賽事結局如何。所有人都記得，二十餘年前，如果不是當時的王儲之女夏洛特公主死於難產，整個王室面臨後繼無人的危機，維多利亞根本沒有機會來到這世界上。所有人關注的都是一個王國的命運，如果她能一胎得男，從此英國皇室就有太子了。大概也有人在暗暗期望她的死亡，不是跟她有什麼仇什麼怨，而是自己的名字可以出現在王位繼承榜上，人人想有這樣一步登天的好運。這一刻，維多利亞本人只是王朝傳承的一部分，而她作為女人，作為母親，其實是不值一談的。

「哇……」是嬰兒的哭泣聲，生了，她生了。屏風外，男人們開始整理領結，拉直袖管，毫無例外，他們都穿著近乎一模一樣的正裝西服。城堡下，已經等得昏然欲睡的群眾，突然聽見窗戶砰的被打開的聲音，響起三聲莊嚴的號角。他們屏息抬頭，一個嬰兒被一雙手托出窗外：「英國公主誕生……」後面的聲音被歡呼聲淹沒。

產床上的維多利亞呢？母女平安，算是大功告成了吧。她終於可以閉上眼，長歎一聲，休息一會兒了吧？不。她被扶起來，坐在大床上。女官們簇擁著她，把她亂糟糟的頭髮重新梳得髮髻高昂，為她擦臉，細細上妝，換掉被汗浸透皺成抹布的衣服，上身的是華麗朝服。一切停當後，屏風被拉開了。

有人宣告：「普魯士大使覲見。」一位黑衣男士走進，一躬到地，直起身來，朗聲道：「我僅代表普魯士國王、王后及普魯士人民恭喜英國長公主誕生，恭祝女王陛下玉體金安。」維多利亞女王坐在床上，也彎腰回禮：「朕僅代表英國王室及人民感謝普魯士國王、王后及普魯士人民的好意……」

沒人給疲勞至極的產婦休息的時光，她是女王，大國之君，接受其他國家的朝賀是她應盡的義務。這種時刻，做王后比做女王幸運。因為這任務可以一分為二，她負責生，由她的丈夫——國王來完成其他事宜。但她既然一身二任，就必須兩個使命同時背負。

就這樣，大使們輪流朝賀，大使們朝賀完了是貴族，然後是文武百官……有幾次，維多利亞支撐不了，倒回床上，輕聲問身邊的女官們：「還有多久？」一模一樣的問題，得到的回答也是一模一樣的：「陛下，快了。」

覲見儀式持續了四個小時，最後一位，是已與維多利亞失和的、她的母親。

後來公主長大成人，嫁作另一國的王妃，維多利亞女王在寫給女兒的信中坦露心聲：「親愛的女兒，你說給予一個不朽的靈魂生命，是一件非常值得驕傲的事，我自己卻難以有這種想法。我覺得在生育中，我們女人更像一頭母牛或一隻母狗。我們可憐的本性變得非常動物化……整天哺育嬰兒和換尿布，讓優雅而聰明的淑女走上毀滅之路。」

她一方面要教導女兒如何成為一個好母親，另一方面又忍不住要說心酸的實話，「我懷胎八個月還要處理很多公務，像折斷翅膀般擔負真正的痛苦……我想我們的性別是種不幸。我很高興看到，你已如我般完全進入母親的角色中，體會母親的所有感受。親愛的女兒，要讓一個無知的幼兒長大成人，女人不知需渡過多少難關！」在另一封信中，她又說：「多少次，當我離開辦公室回到後宮，他們把哭鬧的你遞給我，可是我已經累得身心俱疲，我多想讓他們把你帶走呀……」

年輕女性一旦戴起「母親」這頂王冠，就要知道這頂王冠就是金箍圈。無論是王冠還是金箍圈，都必須承擔和堅守其背後的責任與義務。

有些痛楚是一連串的

只聽說過難產，沒聽過急產吧？急產大概有一〇%的發生率。一般而言，頭胎產婦的分娩時間在十三至十八個小時，二胎產婦時間短一些，一般在十個小時左右。急產由於產婦宮縮速度過快，強度過大，分娩總產程時長不足三個小時。生得快不好嗎？不好，很危險。宮縮過快，嬰兒很可能生在馬桶裡、車上或者家裡；產婦有可能陰道撕裂，或產後大出血。

有一位妻子，遇到了急產。她在家中突然發作，家人趕緊叫救護車。她之前都去三甲醫院產檢，但救護車接送病人秉持的是就近原則，送的是家門口的小醫院。雖然嬰兒沒事，但她運氣不好，從會陰到肛門全撕裂了，糞便流入陰道，造成感染。小醫院處理得也不是特別好，她事後不得不再次打開傷口重新處理。

這是很痛苦和漫長的過程。此後，她就不願意與丈夫親密接觸了。

他們是小夫妻，結婚時間不長，原本兩個人很是恩愛。妻子為了給自己生孩子遭這麼大罪，男人也很感動，決定一輩子對她好。但是，他不能一輩子不過性生活呀。夫妻倆不是沒討論過，每次一討論，妻子的情緒反應就非常大，妻子也很傷心，自己受了這麼大傷害，身體上這麼痛苦，可能終生都會有一些不便，丈夫卻不理解。丈夫也想過，可能妻子慢慢地就能重新過性生活了，但沒有。妻子也努力了，但確實陰影太強烈，她做不到。

在這種情況下，男人出軌了，出軌消解了他的欲望，同時也加深了他對妻子的內疚。結果就是丈夫能高高興興離家去，也能心甘情願地回家來照顧妻子和孩子，忍受妻子的脾氣。

表面上看起來大家都很好，相安無事。但是時間久了，第三者不開心了，不能永遠當第三者，要不上位，要不分手。但丈夫既不想離婚，也不想分手，一直拖著第三者。於是第三者就到他家，和他妻子談了談。這對他妻子來說，天都要塌下來了。妻子哭喊著要離婚，雙方家長也都批評了丈夫。丈夫無比愧疚地向所有人道歉認錯，同時迅速與第三者分手。此後，妻子便把他的錢牢牢地管著。

丈夫發現當年的問題又回來了，他不能一輩子不過性生活，但是怎麼辦？有人說，外遇過的男人會終生外遇。其實沒那麼回事。大多數男人只是普通人，依仗著自己當時年輕，有了外遇。然而過了幾年，他不僅胖了，周圍也沒有那麼多第三者了。何況丈夫的每一分錢都被妻子管著，連喝杯可樂都得要錢。他煩，他躁。等他回家，妻子不給他好臉色，他轉眼就和妻子吵了起來。妻子更生氣了：「你有外遇還這麼橫？」他也生氣：「是，我有過外遇，那離婚呀。」妻子說：「我為你生孩子……」他說：「這是你自己體質的問題，你給誰生孩子都會這樣！」

當你遭受到這樣的語言暴力後，要謹記你先是人，然後才是女人，最後是母親。假設一位女性，她產後漏尿，這是不愉快的事。她向她媽媽訴說，她媽媽會怎麼說？搞不好就是：「我當年也這樣，女人都要吃這個苦的。」言外之意，是說女兒小題大做了。她向她老公訴說，她老公不把這事當笑話滿街傳，就已經算是有教養的男人了。很多男人會天天嘲笑她，以至她寧願從來沒說過，還暗自決定以後任何身體上的疾病，都不再告訴他，更不用說醫生的輕描淡寫。

所有親人，無論是在理論上，還是在事實上，都應該是最愛她的人，但都在用各種形式告訴她：你得忍著，你沒什麼可說的，你說了就是你矯情。這麼看來，那些能夠重視身邊女性身上各種小病小痛的人，都是偉大的。

那這些留下產後後遺症的女性該怎麼辦？不理這些人，換一家醫院，繼續去就診。除了承受的精神傷害，身體上的痛苦一旦忍受，只會永無止境，層層加深。

好了，我把一切的苦都告訴了你。而我現在要告訴你的是，你必須比你想像的還要愛自己。

因為除了疼痛，你還得到了無價瑰寶，得到了全世界最無條件愛你的人——孩子。這是你上九天摘下的星星，是你在鮫人口裡搶到的珍珠。同時你也有機會，借助養育來成全自己。因為孩子是哥倫布，能帶你發現新大陸。

月子之苦

身體的痛，心靈的傷

小瑞說，讓她想掉淚的，不是二十多小時生不出來，不是最後挨了一刀，不是新生兒每天十多個小時無情地吮吸、用盡全力地咬，而是婆婆止不住地詢問——「孩子這麼小就咬呀？」、「孩子又沒長牙，怎麼咬呀？」、「孩子為什麼咬啊？」、「有這麼疼嗎？」、「還疼嗎？」小瑞說，身體疼痛她能緊抓著被子忍，但面對婆婆翻來覆去地問，她只想大喊：「說不定我的奶有毒，有興奮劑。」我只能說：「你婆婆也是表達關心。」

很多時候，除了語言，我們難道就沒有別的方式表達關心了嗎？女生訴說生理痛，男生除了說多喝熱水以外，還會說別的嗎？嘘寒問暖是語言，問長問短還是語言。去探望病人、產婦、老人，我們正襟危坐地問道：「感覺怎麼樣？醫生怎麼說？」臨走還要留紅包。許多人理解的關懷，就是連珠炮似的各種語言。當你遇到人生中的不愉快，人家陪你義憤填膺，既用語言詛咒對方，也用語言安撫你，當然也少不了責備你的無知。

其實這些語言都是於事無補的，你只想靜靜，但你還得陪聽，你還得領情。這種時候，我寧肯對方是信教的，說要在教堂裡為我組織祈禱，說要去廟裡為我上香。不錯，反正我眼不見為淨，耳不聽為清。

請相信我，我收到過最好的安慰，是一個朋友默默給我充了人民幣三百元話費。那是一個寒冷的冬夜，我走在一個大湖的岸邊。晚上有風，湖上起了很大的浪。我什麼也不想說，只聽見手機滴滴響了四聲，前三聲，是通知我話費入帳；第四聲，是朋友的短訊：如果你需要用錢，就跟我說一聲。當時的窘困，並不來源於經濟，我從來沒有真窮過。但這一刻，我真正感覺到我是富有的。

小瑞還有一個問題，她婆婆反對她給小孩用紙尿布，要求用老式尿布，理由是那些一次性尿布容易讓孩子紅屁股，孩子不舒服。我一聽就毛了，問小瑞：「你問問你婆婆，她用過傳統的月經帶沒？」小瑞是年輕人，不知道月經帶是什麼，我解釋給她聽，老式尿布就相當於月經帶，紙尿布就相當於衛生棉。月經帶就是用來夾衛生紙的，因為它是一塊布，會不斷濕透，也會漸漸乾掉，需要不斷地換洗。一旦換得不夠及時，濕透了很難受，濕了再乾就會更硬，磨大腿根部的皮膚，相當疼痛。

我說：「人的天性都是取舒服棄難受，所以當衛生棉一進入市場，至少在我周圍，就沒見過固守月經帶的人了。因此，二十世紀八〇年代以後，大多數人，比如你，從未聽說過月經帶是很正常的。但是老年婦女，誰不是吃苦過來的？明明自己都不使用的東西，卻幻想著孩子會舒服？」

後來我決定講個故事給小瑞聽，讓她高興一下。有個小母親對我說，她不能自已地厭惡自己還不到一歲的女兒。因為她的女兒長得特別像奶奶，一樣的「肥頭大耳」，還「賊眉鼠眼」。她抱孩子吃奶的時候，就像抱著婆婆吃奶，打心眼兒裡想一鬆手，把懷裡這「東西」摔出去。她對她婆婆的觀感不言自明。

小瑞說：「即使她婆婆比我的婆婆更糟，我也不會高興呀。」我說：「照顧你坐月子的人，其實應該是你的丈夫，他才是孩子的第一監護人。從這個角度來說，婆婆是給他幫忙的。所以我建議你，把下面這一段坐月子的經驗給你老公看看，讓他理解你的想法、了解你可能遇到的事。」

我去過幾家月子中心看望過剛生小孩的朋友，觀感都很好。我建議產婦如果經濟許可，可以去月子中心，原因如下：

月子中心有系統。食譜是千錘百鍊過的；嬰兒操、嬰兒撫觸都是完整清晰的；固定時間做固定的事，按部就班，秩序井然。

第二，中心管理嚴格。月嫂不好，可以立刻投訴；對某項制度有疑問，可以詢問；伙食是否衛生，牆上有星級標準。

第三，經驗豐富。月嫂不知道帶過多少小孩，而且就算你這個月嫂是新手，旁邊還有其他月嫂，有的月嫂是一摸小孩手腳，就知道會不會得生理性黃疸；有些月子中心還有駐站醫生，可隨時諮詢。請月嫂回家當然也是可以的，但比較適合有老人的家庭。否則，在完全沒有監控與管理的前提下，月嫂能做到哪一步，全憑良心。即使有監控，也不一定奏效，因為你並不知道她應該做到哪一步，可能要在事過境遷後才恍然大悟。

「親子遊戲」中，父母才是主要玩家

嘟嘟當了母親，讓她原本三代同堂的家庭變成四代同堂。姥姥、太姥姥爭著帶孩子，她們年紀都不大，一個不到五十歲，一個七十歲出頭，因此嘟嘟完全可以當甩手掌櫃。眾人都恭維她的幸福，她卻哭喪著臉說：「我想死。」嘟嘟僅僅是給孩子買了個安撫奶嘴，就先被太姥姥罵了一通：「浪費錢。」接著姥姥給她轉發消息：「看看，專家都說了安撫奶嘴不好。」就連每天幾點帶孩子出去玩，嘟嘟都不能自己決定。磨耳朵是聽詩詞還是英文兒歌，姥姥與太姥姥都要據理力爭。那聲音吵得嘟嘟只想捂耳朵，恨不能哀求：「求求你們別用吵架來磨孩子耳朵。」

嘟嘟做什麼都是錯的，餵奶的姿勢、抱孩子的手勢、拍嗝的輕重……幾乎一碰孩子她就會受到批評。最後她都條件反射了，只要一靠近孩子，心裡就湧起強烈的反感。也說不出來是厭惡這無所不在的管束，還是無能為力的自己。她就是強烈地覺得，這孩子不是自己的。

嘟嘟有一個和睦的家庭，她從小就是被媽媽和姥姥帶大的。她聽慣了她們的嘮叨批評，當然也有過厭煩，但她從來沒想過，即使是當她長大成為別人的妻子、孩子的母親，媽媽和姥姥也依然把她當作小孩。她們無時無刻不在貶低嘟嘟，讓嘟嘟在自己的孩子面前毫無尊嚴，質疑自己還是母親嗎？這一切彷彿弱化了她，讓她覺得難堪。因此，她會這麼反感這些指責的聲音。

生產之前，嘟嘟在追的英劇是《使女的故事》。此刻她說：「我覺得我也是一種使女，我只是一個出了子宮的人，我不是母親。這孩子屬於整個家族，幾代人共同擁有。」

而嘟嘟最煩的人是她的父親。因為父親天天都說「正確的廢話」，嘟嘟即使明知道父親是好意，而且他說的話也是對的，但還是難以控制情緒。比如，孩子難免不好好吃，不好好睡，很早就醒了，哇哇地哭起來。因為之前她餵了五次夜奶，所以此刻實在不想起身。孩子的外婆把孩子抱走了，她爸就過來批評她：「這孩子不是你的嗎？你就這麼貪睡嗎？你就這麼不心疼你媽媽？」嘟嘟無言以對，她累極了，也委屈極了。她突然崩潰了，對孩子大吼大叫，然後自己也大哭起來。她爸又過來指責道：「都是當媽的人了，還這麼不冷靜。你對孩子有耐心嗎？你配當媽媽嗎？」

有一個瞬間，她想掐死這個孩子，或者拋下這個孩子離家出走。她不明白，她都累成這樣了，為什麼還沒人體諒她。她也很心虛，她知道自己做得不夠好，她不能不承認她爸說的是對的。我說：「他說的確實是廢話，但一點也不正確。」這不就是典型的「看的管做的」思路嗎？這不就是「領導」作風嗎？事和困難是客觀存在的，他老人家雙手插兜高瞻遠矚，嘴一張就是高屋建瓴的批評指導。背後的邏輯是，這些事本來就應該你們這些基層做，我是領導，只負責宏觀指導和宏觀批評。

我想對這些家裡的「大領導」進個言，您要真事事親力親為，可以把孩子抱過去您自己帶。沖奶粉不難，戴上老花鏡看清刻度就可以，別遇到困難就向老太太呼救；換尿布也不難，有影片可學習，可以給家裡人展示一下您老的雄風。

有一句老話是：「嘴一份，手一份。」意思就是，你做到什麼地步，才有資格批評指點到哪一步，但大部分人是手零分，嘴滿分的。

大風雨裡，我們需要的是傘，而不是「你為什麼出門不帶傘」的批評。

血泊裡，我們需要的是救援，而不是「你看你下次要小心」的提醒。

困難時，我們想要的是救命稻草，想要的是援手，但絕對不是多一張批評的嘴。

嘴上的批評，其實是用來掩飾心裡的冷漠。說完了一些廢話，就以為盡到了義務，可以心安理得了。有一個薑昆說的相聲叫《電梯奇遇》，說他無意中被關在了電梯裡，急需幫助，但他得到的卻是說教：「這是個難題囉！對你個人來說，把你關在裡面，這是一件壞事。可是對於全域來說，對於我們整個革命事業來說……也沒有什麼好處是吧？所以，這就是新大樓和老電梯新舊體制交換時期所產生的一種矛盾，目前你關在裡邊，暫時還不適應，對不對？」

話說得好：「不癡不聾，不作阿家阿翁。」

跟你的父母、祖父母們說：「你們是我最敬愛的人，但在這個『親子遊戲』裡，我是母親。如果我需要在我的孩子面前樹立權威，那麼，我不能是那個天天被批評的人；如果我要獨當一面，成為孩子永遠的靠山，那麼，至少此刻起，我必須學會獨立。」

請長輩們少說幾句，現在輪到年輕媽媽們說話了。

你的苦不能抵消我的苦

新手媽媽鹿鹿在生產後，也有不少苦惱。她發現她得到的不是安慰鼓勵，而是諸如「現在比我們當年強多了」此類的開解。

她的月嫂對她說：「我們當年生孩子，連牲口都不如，都沒有衛生紙。我們的孩子不知道怎麼長大的，你們是趕上了好時候。」

她的媽媽對她說：「你小時候也沒老人幫忙照看，我還把你放過全托，實在是沒辦法呀。現在你可以去月子中心，就是你不用去，因為我和你婆婆都等著伺候你呢。」

比她資深幾年的同事朋友說：「哎呀，現在東西真好，我們以前，哪有哺乳枕、乳盾、通乳師、月子中心、月嫂之類的……我好羨慕你，我都想生第二胎了。」

但是，當她每兩個小時一哺乳，嬰兒小小的嘴吮吸的一剎那，她就像被封印在床上，刺痛鑽心。她側過來側過去，只為了讓嬰兒吮吸到更多乳汁。而過來人說：「你這不錯了，我當年只能坐著餵奶，幾個月後腰都不是腰了。」

她身材龐大、腹部肌肉鬆弛。普通朋友雖然說：「你一點也不胖。」但最熟的朋友直接跟她說：「你要紮腹帶呀，你出了月子就要鍛鍊呀，不然會永遠這樣。」

忘記是誰直言不諱地對她說：「你的母乳不夠好，和我當年一樣。」但她依然掙扎著堅持母乳餵養，拒絕了所有人讓她餵奶粉的建議。

凡此種種，都是她一生中最勞累、最無助的時候。唯有懂的人才能懂，然而她們都走過比她更艱辛的路。因此，看她的苦痛，就像身歷酷刑的人看輕刑犯一樣，但輕刑就好受嗎？無論輕重，都需要肉體和心靈去承受禁錮。

我能理解鹿鹿的感受，但我也理解她所有的親人、愛人、朋友。他們其實想要告訴鹿鹿的是：「鹿鹿，你要珍惜當下，珍惜所擁有的。不要沉溺於這些全新的痛，不必自憐，因為這才哪兒到哪兒呀？漫漫長路正像畫卷一樣，慢慢地才開始揭開封條。」

對不起，沒辦法。鹿鹿只能自己慢慢挨過去，像她的母親、姐妹以及每一位走過這條路的女性一樣，一點點地等待柳暗花明的時候。

好在養育孩子，先開始以小時計，然後是以天計，最後慢慢就變成了以月計與以年計。

育己之思

一生子就不再有社交？

朋友坐在我家，刷她自己的朋友圈，驚訝地發現，一個熟人生二胎了。

我說：「點個讚吧。」

她考慮後說：「算了，讚完了搞不好還要去拎個禮盒看，太麻煩了。何況上次已經看過了。」

我問道：「你們不熟嗎？」

她回答：「生第一胎之前是熟的，那時還叫『閨密』呢，所以我才拎著禮盒去看她呀。不過生完第一胎聯繫就少了，現在二胎更是不來往了，就算了。」

我接著問：「中間完全沒交往？」

朋友說：「不。之前好友說她要結婚了，我不僅做了伴娘還包了紅包。」

事後有人說：「你做伴娘應該收紅包而不是給紅包。」她只能笑著委婉解釋：「我們都年輕，不懂這些事。」當熟人懷孕了，她寄了燕窩；熟人小孩出生了，她去醫院跑前跑後；熟人朋友圈說孩子發燒了，她趕緊問有什麼要幫忙的……

直到一年前，她問熟人恢復上班感覺如何，小孩吃奶怎麼辦，熟人說都挺好的，就沒下文了。她當時一直以為熟人會回問一句：「你呢？」但也沒有後文。她承認自己矯情、不體諒人。總之，當熟人再次詢問她「在嗎」的時候，她沒回應。而此刻的朋友圈，她也決定不點讚。

另一位年輕朋友A說：「我終於理解了，為啥那些第三者都不能安分守己地待著，一會兒想上位一會兒想分手。」這個心得太詭異了，我請她細說。

原來A有幾位好閨密：B，C，D，E，F……剛認識的時候，她們大部分是單身，少部分已婚無娃。當時幾個人一高興，就來一場說走就走的旅行，都不用刻意約，在閨密群裡喊一聲就行了。她們去過國內的好多城市，熱熱鬧鬧地吃遍所有館子，並且相約一起養老。

隨著時間推移，B先結了婚，但C先有了娃，D換了工作，現在特別忙，E回老家結婚生娃去了……就這樣，最後一次聚會還是在去年，F的小孩出月子。當時大家就說以後要多聚聚，但幾個月後就發生疫情了。

現在喘息初定，A說：「聚聚吧。」結果一呼百應，人人都說好。一對時間，B說：「我除了週末都行，週末我得帶娃。」C附和道：「我就週末有時間，怎麼辦？」D說：「就在周邊吧，別帶娃，我受不了熊孩子。」E說：「我可以從老家趕過來，但我得帶隊友呀。」這還不算什麼，之後A就乾脆建議：「要不然還是算了吧。」朋友們又都反對：「別，好不容易能透口氣。」

A和我吐槽：「最折磨的是，我說一句話，永遠不知道朋友們收到沒有。我從上午八點說到晚上十點，直到十二點，對方終於回覆了。告訴我她們的娃剛睡。我就像一個婚姻中的第三者，和渣男定約會時間。渣男以家庭為重，又想風流快樂。渣男找我，我永遠在。我愛他，為他百般遷就。但當我有事找渣男時，他卻永遠不線上。最慘的是，人家第三者也就一個渣男，而我有一堆渣男。難怪第三者沒法安安靜靜待著。我說不理這事吧，她們一個個找我；我說安排一下吧，丟一句話出來卻石沉大海。這不和第三者一樣嗎？第三者想分，渣男不放手；第三者想上位，渣男不同意。」我最後只能祝A：

「第三者快樂。」

這兩位朋友說的都是很常見的現象，許多年前，朱天心寫了一篇《袋鼠族物語》，用「袋鼠族」指代低齡小孩的媽媽，尤其是全職媽媽。

內文說道：「袋鼠族原先跟普通人一樣，是有朋友的。隨著時間的流逝，朋友們也發生變化，有的和她一樣也成了袋鼠族，另外則可粗略地分為單身貴族和頂克族。但後兩者很快就會與袋鼠族分散流失。」

何以至此？首先，時間地點配合不上，單身朋友晚上八九點還在外面，袋鼠族媽媽那會兒都要陪孩子上床讀親子讀物了；其次，去聚餐時，原來大家都愛吃火鍋或者日本料理，但對於嬰幼兒來說，火鍋店太危險了，日本料理又大多是生冷硬食物，不適合寶寶吃。即使是能坐在一起吃飯，也有點無話可說。你們曾經能聊一下午，但現在媽媽們只盯著寶寶。或者你們現在還有無數的話題可聊，但小孩不停地喊「媽媽我要上廁所」、「媽媽我要喝水」……

「因此，不用再說明你也知道，袋鼠族女子也暫時地疏離了其他單身女子。直至今日，袋鼠族的朋友們也會漸漸地失散，到最後只剩袋鼠族。」

我知道很多年輕媽媽分身乏術，要應付的人與事紛至沓來，確實會疏忽同性朋友。但是我得說，一生子就脫離社交圈，是非常糟糕的做法。是的，你會有很多同為年輕媽媽的新朋友，你們在一起，主要是聊小孩。當孩子再大一點，你們可以帶小孩同吃同玩同運動。但是，你最好能有不同圈子的朋友，彼此思維模式迥異，立場不同，而且重疊度不高。尤其已婚有小孩的你，最好有同事，因為你可以跟同事訴說心事，或許能得到不同的見解，這就是不同圈子的便利之處。

另外，你要知道還有一件事，女性始終是憂鬱症的高發人群。

而現在，剛生完小孩不久的你，首先，就有產後憂鬱的可能性；其次，繁重的家事、孩子的教育等一系列因素，都可能加重你的憂鬱。但是同樣遇到事了，男人有很多發洩情緒的途徑：抽菸、喝酒、與狐朋狗友廝混、一個人到海邊……而作為一個新手媽媽，發洩情緒的方式卻很有局限性。抽菸喝酒得要原來就有這愛好，如果沒這愛好，吸第一口菸就會被熏著，喝第一口酒就會被嗆著。就算女性勇於嘗試，但也要考慮哺乳問題。

女性在這種情況下，遇到事就只能忍，忍到最後，不是身體出問題就是憂鬱。大吃一頓不是好辦法，可能邊吃邊擔心體重，完全起不到紓壓的作用。所以，對媽媽們來說，克制憂鬱非常重要的一環就是擁有一群「狐朋狗友」，還得是那種萬事幫親不幫理的。你一訴說老公的千古罪行，她比你還義憤填膺。你說婆婆的百般不是，她急得直拍大腿。相信我，你終生都需要這樣的朋友。三十歲的你需要，四十五歲的你更需要朋友，因為這些煩惱，你能向你父母說嗎？他們都七八十歲了，何必嚇著他們。你的小孩才十來歲，不到萬不得已，不到最後關頭，你不會讓他們知道。如果你有一位與你同心同德的伴侶，那是福氣。但有時候，這種伴侶可遇而不可求。

人只有遇到坎坷後才知道自己的朋友是多麼少。因為很多朋友原來是一個圈子的，他們是你的同事、客戶。你們處得很愉快，但你知道彼此之間的信任度並不高。你的同學倒是可以信任了，但他們懂你的工作嗎？你能講得清楚嗎？同學們雖然關心你，但他們總是聽得莫名其妙的。並且當你遇到的是感情上的問題時，你能跟父母說嗎？能跟小孩說嗎？能跟伴侶說嗎？何況大部分感情問題是你的伴侶導致的。

所以，為了抵禦憂鬱，你也必須有朋友。

拋棄全母乳的執念

小年讀幼稚園的時候，有一次放學了，她還和其他小朋友一道在幼稚園裡瘋玩。我便與其他家長遠遠站著，用眼神追蹤著他們的身影。孩子們一會兒出現在蹺蹺板上，又突然隱沒在滑滑梯上。尖叫聲和歡笑聲地動山搖。據說母親能從所有孩子的哭聲中辨認出自己孩子的聲音，我懷疑這只是為了強調母子之間神祕的心電感應。因為我的感受是恰恰相反的，我經常在完全不相干的地方、絕對不可能的時間段中聽見哭聲，立刻以為是我自己孩子的哭聲。而在吵鬧的幼稚園中，我完全無法分辨出來哪個聲音是她的。

我與其他家長散漫地聊著天，那家長知道我有心理諮商師的資格，便說她曾經產後憂鬱嚴重。因為周圍家人、朋友都說自然產對孩子好，所以她堅持要自然產，痛了二十多個小時，但還是剖腹產了。她自覺很對不起孩子，認定孩子現在感覺統合失調，和剖腹產有關。

我耐心地告訴她：「我半輩子都感統失調，但我也是自然產出來的呀。」

她愣了一下問道：「那如果你是剖腹產的，可能更嚴重？」

我無奈道：「能有多嚴重？同手同腳？左右不分？軍訓時憋一下就好了，剖腹產是偉大的發明，令無數母嬰受益。」

她若有所思地說：「對，我老公就是左右不分，不過他也拿了駕照。哦，我老公也是自然產出來的，我們那個時代幾乎沒有剖腹產的。」她繼續說道，「聽別人說九九%的產婦有母乳，而我一滴也沒有。即使用盡所有辦法，也還是沒有。我挫折感強得不得了。」

我只能安慰她說：「我也不能全母乳餵養。」

她好奇地問：「人家都說只要堅持，就一定能全母乳餵養，否則以前沒有奶粉的時代，小孩是怎麼活下來的？」

我聽了只能說：「死了唄，不然以前新生兒那麼高的夭折率是怎麼來的？」

她又一愣：「可是都說只有中國人不能全母乳……」

我說：「你覺得奶粉是中國人發明的還是外國人發明的？如果外國人都能全母乳餵養，他們為什麼要發明奶粉呢？」

她非常驚喜地說：「你說得太對了，你真專業。」

這位家長受「自然產教」和「母乳教」的影響太深了，覺得自己各種對不起孩子，日哭夜哭，大半年都沒緩過來。因此，我為我的「日行一善」得意非凡。不過我確實只是實話實說。媽媽不能母乳餵養，那就是不能母乳餵養。有專家認為，這是為了銷售奶粉。我覺得這種說法全無道理，這就像是不能跑步，那就是不能跑步，跟滿街都是車是沒有任何關係的。沒有必要一口咬定，不能跑步就是因為坐汽車坐多了，不能母乳餵養就是因為你買得到奶粉。

我的整個孕產期，就是各種各樣的失望大全。就算是生完了，也還有新的失望在等著我。我沒有奶！這讓所有人都意外，包括我自己。從頭算起，我媽生了三個孩子，每個都是奶多得喝不完。尤其是生我大姐的時候，我媽說每次餵之前，她會先滋一小束在嬰兒臉上，小嬰兒被滋得直眨眼。因此，我大姐到四十多歲的時候，還爆成人痘，果然營養豐富。

說到我自己，我個子小，前半生也挺嫌棄自己過於豐滿的胸部，大家卻都羨慕我「糧倉充實」，以為我將來母乳充足，孩子有機會享它福的。結果關鍵時刻出錯。我從手術室回到病房，全心全意等著開奶。幾個小時後我就咬牙下地，忍著劇痛在屋子裡蹣跚，只為了早通氣、早進食，否則是擠不出奶的。

我早早地把小嬰兒抱在懷裡，明知沒奶也讓她吮吸，因為書上說了，嬰兒的吮吸是最有利的開奶利器。孩子張著小嘴叼住我的乳頭，吧嗒一聲掉出來，再叼再掉。我看出是尺寸不匹配的原因——孩子的嘴太小。護士趕緊讓我去買乳頭保護器，這是我聞所未聞的事物。果然孩子是哥倫布，帶人去到新大陸。

我母親曾說，奶流動的感覺像是觸電一般，剎那間身體裡有電流閃過，巨大的痙攣不能自已。自己能意識到，奶不是被孩子吸出來的，是自發性的，如地殼下的油井，遲早噴發。但我不同，小嬰兒吃奶的力氣都使出來了，卻一無所得。孩子只好撇開我，傷心地撇撇嘴，大哭起來。我懷疑是因為她個子太小所以吸不出來。正好鄰居來看望我，帶著她兩個月的大胖小子，不如讓他試試，也許能吸出來。兩個月的孩子在理論上是不認母親的，但大胖小子十分抗拒我的懷抱，哭得聲如春雷。

婦產科的護理師總比我有辦法。兩個護理師專程過來幫我開奶，重手出擊。她們雙手一下，我當即倒吸一口涼氣，一下比一下重，我痛得說不出話來。眼淚在眼眶中打轉，臉上居然還掛著尷尬的笑，因為旁邊還有產婦在參觀學習，表情認真。在待產的日子裡，我也是這樣，去新產婦們房裡溜達，問「自然產疼不疼」、「打無痛有沒有意義」之類的問題，如饑似渴地向過來人學習產育的所有經驗。過來人說：「開奶也痛呀，那是一下一下的，越來越接近極限的痛。」等到我親自嘗試時，痛感已經超限了。我來不及喘息，新一波的疼痛又湧上來。在旁觀者毫不同情，抑或毫不知情的眼神下，我獨自承受著一陣陣讓人死去活來的痛，覺得上刑也不過如此。相比之下，宮縮不過像經痛，刀口不過是個傷口，都沒什麼大不了。直到現在，我骨折過、做過內固定手術，我仍然不改變這個判斷，開奶是我一生中肉體疼痛的頂峰。

當時有朋友問我哺乳的事，我沒好氣地答：「混合餵養，牛是大媽，我是小媽。」

她驚呼：「怎麼會，你明明那麼大……」

我怒道：「小時了了，大未必佳沒聽過嗎？」

她當時笑噴。這是孔融小時候的故事，孔融小時候很聰明，人家就說他「小時了了，大未必佳。」孔老師應聲答：「想君小時必了了。」是的，大未必佳。

幾經周折，黎明時分，我終於有了一股涓涓的細流。我很享受餵她吃奶的感受，她小小的身體緊貼著我，小嘴熟門熟路地找到地方。隨著頭一點一點，小嘴也吧嗒吧嗒，彷彿每一下都是首肯。這種身心相連的親密感，就從這一刻的授受開始。她享受地閉著眼，漸漸睡著……幾分鐘後，孩子就哭醒了。那哭聲是最讓人心碎的抗議，彷彿在說：「我餓！我餓！我好餓！」而作為媽媽的我已經用盡全力了，但還是沒有充沛的奶量。

《育兒百科》中說，很多產婦要到一個月後奶量才會充沛。我等到了一個月，奶量還是不夠。市面上流行的母乳餵養書以斷然的口氣說，沒有奶水不夠的母親，只有輕言放棄的母親。否則，在那個沒有配方奶粉的年代，孩子們是如何活下來的？書中還傳授了袋鼠餵奶法，很簡單，就是我暫時化身袋鼠媽媽，把小嬰兒二十四小時吊在身上，日夜顛倒，隨要隨餵，但是，袋鼠想必是沒有腰的吧？

最困難的時候，我一天餵奶的時間長達二十個小時。孩子能夠邊吃邊睡，並且能夠同時大小便，而我不能。我常常只有放下她，才能去洗手間。還沒來得及喝口水，她已經開始哭了。我始終沒學會躺著餵奶，只能坐著，腰後墊了雙層墊子也於事無補。每天一坐就是二十多個小時。三天之後，我終於顫巍巍地平躺下來，能明顯感覺到，尾椎骨以一個銳利的角度抵著床板。我眩暈欲吐，知道這是頸椎腰椎的問題一起發作。

為了下奶，我媽還去中醫院抓了藥材，煮了七星豬蹄湯。白花花的一碗，喝下去跟直接喝豬油相仿，能感覺到它順著我的喉管到骨縫中，慢慢凝固了。孩子一天要吃無數次，而我一天至少也要吃五頓到七頓，經常大半夜吃一小鍋鴨腿麵。幾根大鴨腿吃下去，我頓時腦滿腸肥。要怎麼辦？難道為了她一口奶，我就得成為烈士嗎？縱使我死不足惜，但孩子也徹底斷奶了呀。我永遠記得那一刻欲哭無淚的心情。

我忍過那麼多痛，起初幾天的疑似乳腺炎；再到用吸奶器引發的腕隧道症候群；孩子四個月就出了牙，先是把我咬破，又在破處細細研磨，每一口奶都混了血……但到最後，我還是不能成為一個全母乳的母親。我滿心都是根深蒂固的罪惡感：我不是一個好媽媽，我沒有堅持到最後。如果我曾經產後憂鬱，我憂鬱的一萬多個原因中，無法全母乳餵養也是其中小小的一環。

我母乳餵養，一共只有八個月，其間始終是混合餵養。後來我查到的資料說，母乳不足是一個全球性的問題，專家認為這與女性生育年齡過晚、環境汙染、長期使用內衣以致棉織物堵塞乳腺等諸多因素有關。因此，我認命了，我就是「全球化」中的一員。我終於原諒了自己。全母乳餵養是我確定做不到的事，我必須接受，即使在沒有配方奶的年代，也不是每個母親都能全母乳餵養。否則歷史上不會有「奶媽」這個職位，舊書上也不會提到「粉乾」這種事物。甚至包括我自己的母親都不曾吃到母乳，一滴都沒有。

那些母乳餵養書，我想把它們作為參考是有一定道理的，但如果絕對遵守，恐怕就失之偏頗了。任何美好的事物，當它變成一種對人的禁錮，甚至是道德約束後，就會像黴變的美味，有害甚至致命。

女子並不是生有乳房，就一定能母乳餵養、成為一個好奶媽的。另一個原因是作為母親，是一生的事。不必在早期就因為哺乳而過度疲累。

在哺乳這件事上，你沒有義務為了「母乳的癡念」而鞠躬盡瘁。如果實在不行，就請上配方奶吧，你要放下「我對孩子來說須臾不可缺」的妄念。

恐懼，是一個未被拆開的禮盒

我曾經什麼都怕。當時親子論壇流行一種說法，新生兒的小胖腿應該是對稱的，如果一條有兩條紋，而另一條只有一條紋，則可能說明孩子是畸形，雙腿會一長一短。我看了立刻去檢視小年，發現小年的腿一邊有兩條紋，另一邊只有一條紋。當時我還在坐月子，雖然窗外白雪皚皚，但是我當場就想抱孩子去醫院。我想如果抱著她在雪中艱難跋涉，這個畫面就好拍電影了，再配上深沉的太空音樂，大片《雪丘》就開始了。

據說嬰兒一個月內就應該有一定的視力。我湊近小年，再湊近，她好像沒什麼反應。我擔心小年會看不見我，我的心狂跳，我甚至不知道該要如何確知真相。

還有，她出生之後，沒幾天就過年了，大年三十窗外鞭炮聲大作，通宵達旦地響個不停，她呼呼大睡毫無反應。我又懷疑她的耳朵有問題，於是第二天我就帶她做了檢查，好在當時醫生說是好的。

可是我又放心不下……

我出院的時候，醫生告訴我，抽了孩子的足跟血，如果結果有問題會給我們打電話，沒事就不打了。結果至少有一個月，我聽見電話聲，就會跳起來，生怕傳來噩耗，但每次都是早教機構的推銷電話。

我什麼都怕。孩子為什麼好長時間都不會抬頭？她會不會有什麼問題呀？我在半夜驚醒，世界黑得不祥。我的大腦裡掠過一個恐怖的念頭，我會不會像新聞裡最不幸的母親一樣，我的孩子在我身邊無聲無息地失去了呼吸？我趕緊摸摸小年，還好她的身體是溫熱的。我又探探她的呼吸，當指尖觸到氣流後，我才一偏頭又昏睡過去。夜裡聽到孩子的哭聲，我又在擔心她為什麼今天哭得這麼大聲，是哪裡痛嗎？不好，她好久沒哭了，她竟然一直在睡？不可能呀，難道是……我嚇得魂都飛了。

不光我活在驚恐當中，在日本作家角田光代所寫的《坡道上的家》中，水穗也是一個活在恐懼中的母親。當婆婆說她的小女兒表情不夠豐富時，她擔心是孩子發育遲緩；保健師說她的小女兒應該訓練好大動作能力，她打算去檢查一下；她焦慮於自己的孩子有沒有什麼問題，難道丈夫說的是對的，因為孩子有一個怪里怪氣的媽媽？

丈夫即將下班的某一個晚上，女兒大哭不止，她想著丈夫一定會生氣地指責她，於是抱孩子去洗澡，在她出神的時候，孩子在浴缸裡溺死了。我能理解這份新生的恐懼。

我曾經讀過一位美國女作家寫的書，她的小孩是自然產的，生完一兩天之後，她就打包帶娃出院了。美國親戚不流行去醫院看小孩，但一樣會表達心意，所以在家裡搭了花樹，到處用氣球寫著「歡迎你，寶貝」。她帶著新娃娃亮相，大家歡呼著向她們娘兒倆身上撒彩帶。這無疑是個熱熱鬧鬧的慶生派對，她被感動得熱淚盈眶。然而，當客人、婆婆與親媽告辭後，老公假期結束去上班了，只有她和小孩待在家裡時，她便被恐慌牢牢地裹住。沒人幫忙，一旦出了事，她該怎麼辦？

她想上廁所，不知道是該抱著嬰兒去還是自己去。她知道嬰兒現在還不會爬，但是她在孕婦講堂聽說過「嬰兒猝死症」。最後她折衷了一下，自己去了廁所，但全程開著門。當嬰兒哇哇哭起來時，她頓時心跳怦怦地加快。她對自己說：「深呼吸，冷靜下來。要按照育兒書上寫的那樣，先分辨孩子哭泣的原因是什麼。」天哪，她聽不出來呀。書上說孩子饑餓時的哭聲是號哭，委屈了是抽泣，可是哪一種是號哭，哪一種是抽泣？二者交替出現是什麼原因？她真的很想像小嬰兒一樣放聲大哭，好讓其他人來完成這件事呀……

古往今來，母親的孤獨無援、母親的恐懼都是一樣的。但到最後，你能克服的。這是大自然的安排，一代一代的母親都是如此成長起來的，你也不會例外。

有一種說法，就是女人的很多特質，都是為了做母親而出現的。比如，你不懂拒絕，這令你很苦惱，覺得這是一個缺點，但換一種角度思考，這樣的你，本來就是被設計出來做一個從來不會拒絕孩子合理要求的好母親的。

另外，做母親是很重要的訓練，可以提高你的各種能力。比如大部分人，不分男女，在年輕的時候，很少會做多執行緒、多任務同時進行的工作，因為這樣的任務需要人有三頭六臂，能夠迅速分出輕重緩急，面面俱到。而照顧新生嬰兒，恰恰就是一個這樣的工作。當你能夠處變不驚，能一邊做飯一邊哄小孩的時候，你何止是三頭六臂，你可以變成八爪章魚、千手觀音，你無所不能。另外，據說職場上，一項工作的最好候選人就是當過媽媽的女人。因為她們最吃苦耐勞，最沉著冷靜，最能分辨主體與細節，最懂得平衡事實與道理。

女性不是天生的病原體

有一種疾病叫「歇斯底里」，多半是指狂躁，不受控制，不可理喻，也指情緒異常激動，舉止失常。「歇斯底里」早在古希臘時代希羅多德的著作中就有記載。歇斯底里（hysteria）一詞起源於「hystero」，即子宮。從詞源可以看出，當時的人認為「歇斯底里」是一種女性獨有的疾病。

一八七一年，美國醫生蜜雪兒博士在《疲勞與折磨》一書中首次定義了「神經衰弱」，認為這是工作過度導致的，是一種「過勞衰弱」。其中，他特別寫道：「女性因為渴望承擔不適合其性別的角色，包括高等教育和政治活動，而將自己置於精神崩潰的風險之中。」這句話的立場是認為女性本來身子骨弱，不能幹活；腦子不甚靈敏，不能思索。但女性要強行幹活思考，那就會透支，最後就會崩潰。蜜雪兒還總結說：「在城市長大的女性可能較為缺乏充分履行母親身分的自然機能。」「充分」是什麼意思知道嗎？就是讓女性多生幾個。當時對「神經衰弱」的主要治療方式就是「絕對休養」，臥床、與世隔絕、不工作，尤其不思考，讓腦子陷入長眠狀態中，以利身心恢復。

上帝不能到每個家庭，所以派了母親到家庭中，母親就是家中的大天使，任怨任勞、無怨無悔，彷彿家事活才是適合女性的勞動。有一位女作家叫夏洛特・珀金斯・吉爾曼（Charlotte Perkins Gilman），她出生於一八六〇年，是個記者、社會評論家，同時她也是妻子和母親。女兒的出生，讓她處於「極度的疲憊感、絕對的無力感和絕望的痛苦」之中，她只好去諮詢蜜雪兒博士。現在看來，這位女作家可能患的是產後憂鬱症。但在那個年代，她被診斷為「神經衰弱」。於是，她被要求像嬰兒一樣，定時餵藥、吃飯，而且蜜雪兒要求吉爾曼盡可能居家生活，好好休息，只要活著，永遠不要碰鋼筆、畫筆或鉛筆。

但是治療過程對夏洛特是新的創傷，她發現自己被當作兒童、殘疾人以及天生的病人，而這竟是女性的普遍命運。於是夏洛特根據這段時間的經歷，寫下了半自傳體小說《黃色壁紙》，寫的就是這樣一個被要求絕對靜臥的女性，每天無所事事，盯著黃色牆紙上的一塊汙跡看。在她眼中，那塊汙跡漸漸地變成了人，是在牆紙裡一個被封著的、哪裡都不能去的女性，和她一樣。最後，小說裡的女性瘋了，她想辦法弄斷護欄，爬了出來，她成功解救了自己，也解救了牆紙裡被困的女性。

一八九二年《黃色壁紙》發表，同年，夏洛特在現實生活中向丈夫提出離婚。當時離婚十分罕見，因此報紙上都稱之為醜聞。夏洛特的產後憂鬱症從未痊癒，困擾了她一生。在一九三二年，七十二歲的她罹患乳腺癌。三年後，她自殺身亡。自殺地點正是她寫《黃色壁紙》的地方。

一九六八年，英國精神病學家正式刊文，首次提出「產後憂鬱」這一症狀，並指出憂鬱症的發病率已經達到八%～一〇%。產後憂鬱的影響因素複雜，除了家族遺傳因素、生理激素水準，婚姻家庭關係、經濟水準和個人經歷等心理社會因素也都與之有關。

有一組對一一二六名產婦面對面進行的問卷調查非常有名，結果如下：首先，一一二六名產婦中共一三三人出現產後憂鬱症狀，占受訪問總人數的一一・八％；其次，和「只與丈夫同住組」相比，「與公婆同住組」產婦發生產後憂鬱的風險增加一・四八倍。另外，低學歷和低家庭收入的產婦更易發生產後憂鬱。

看了很多媽媽的真實經歷之後，我疑心有部分「產後憂鬱」其實是「過勞鬱」。

我讀過一本韓國育兒書，作者是位育兒專家，書裡肯定地說，韓國產婦百分百患有產後憂鬱症，這是正常現象。韓國文化不鼓勵公婆或者父母幫忙帶孩子，認為育兒是對韓國年輕女性的鍛鍊。產婦要把育兒作為一種修行，如此才能養出有修養的孩子。我說不出對哪個觀點更震撼，是百分百的產後憂鬱率，還是「產婦要修行」的觀念。韓國小說《八二年生的金智英》，說的也是類似情況。金智英就出生在這樣的國家及時代中，承受了全文化對女性的歧視與不尊重。而到她生了小孩之後，更是無人幫忙，她只能一個人獨自照顧孩子。最後，她因產後憂鬱瘋了，可以理直氣壯地說出心裡的話了。

首先，全職媽媽更容易患過勞鬱。和想像的不一樣吧？大家可能都覺得，職場媽媽們一邊上班一邊照顧孩子，難以平衡，卻沒想到，當全職媽媽在家時，婆婆和老公都會預設全職媽媽什麼都不做，既然什麼都不做，那麼，全職媽媽在家順便帶帶孩子是天經地義、合情合理的。

如果你是全職媽媽，你會發現，你不能要求老公下班後給你幫個忙，因為大家覺得丈夫都忙了一天了，而你在家什麼都沒做。你如果拜託婆婆幫你帶一下孩子，老太太必會拉下臉，覺得你什麼都不做，還這麼懶，地板居然是髒的，你居然只給孩子吃冷凍餃子……

你如果幹活，能有幹不完的活兒，像個陀螺一直轉；你想狠下心不幹，就得應付無休無止的指責；你想解釋卻再沒有比解釋更累的事了。另外，生了二孩、三孩的媽媽更容易患過勞鬱。一位媽媽對我這麼說：「我四年生了兩個孩子，兩個孩子都是過敏體質。大的每天晚上哭好幾次，我都是二十四小時帶著他。生了二孩後，每日每夜變成了帶兩個孩子，這期間還要哺乳。

我白天要煮一大家子的飯，打掃衛生收拾家，晚上要等全家人都洗過澡後，把換下來的衣服洗乾淨，直到晚上一點多，我才有空晾衣服。年齡稍大的孩子照樣晚上睡不好，又哭又鬧。我還要餵小的幾次夜奶，我的腰酸痛得不行，晚上只能靠著洗衣機哭……

我不能不全職，老公為了養我們，又不能不去外地做事，本地工資不高但開銷高。婆婆不僅不幫忙，還特別愛叫親戚朋友來家裡打牌吃飯，端茶倒水的是我，洗菜切菜煮飯的也是我。

我很絕望，怪自己不僅沒錢沒本事，而且帶不好孩子。孩子一生病，當媽媽的永遠被責罵。身邊也沒有個可傾訴的人，即使有，也怕被說矯情、不懂事……」

面對這種情況，我只能建議各位媽媽，生育兩個孩子的間隔可以稍微長一點，等老大上幼稚園之後，再要老二，這樣媽媽能緩一口氣。

另外，要求完美的媽媽容易過勞。總有些媽媽，讀書時是容不得九十九分的好學生；上班後是容不下 PPT 有任何瑕疵的好員工；現在她們是容不下家裡有任何汙垢、孩子有任何錯誤的好媽媽。她們必須趴在地板上不停地擦，為了那些看不見的灰塵；她們必須親手洗內衣褲，為了消滅那些永遠存在的細菌病毒；她們必須聚精會神地盯著孩子的所有行動。其實，孩子不是天使，家也不必是伊甸園。長此以往，窗明几淨的家也有可能變成孩子的噩夢。

所以，如何避免產後憂鬱？激素水平不好控制，母親能做的就是避免過勞；避免過度付出；避免在精疲力竭裡，失去思考力；避免在疲於奔命裡，失去自我。

當然，產後憂鬱還跟人際關係、丈夫的表現密不可分。但如果你還有吵架、打架的力氣，甚至有離家出走的能力，這些是可以處理的。

哭泣不一定是委屈

很多媽媽對孩子的哭泣會感到內疚。孩子一哭就得抱，就得餵奶，就得哄，哄而無功，更加內疚。事實上，嬰兒的哭泣有很多可能性，比如想打瞌睡、鍛鍊大動作能力、表達愛意等。

嬰兒睏了，這時候需要睡覺。但嬰兒不知道自己睏了，不知道閉上眼睛就能睡覺。他們只覺得不舒服，於是用各種方式對抗這種不舒服，大哭大鬧，甚至是要求出去玩，直到最後被睏意淹沒，睡著為止。

關於睡眠的理論有很多，比如巴夫洛夫有一套完整的睡眠理論，認為睡眠的本質是大腦皮層起源的廣泛擴散的抑制；這種抑制在皮層中和向皮層下腦結構擴散過程中存在一定的時相，構成從覺醒到完全睡眠的過渡，即催眠相；夢是「由於內外環境因素的影響，在大腦普遍抑制背景上，細胞群局部的興奮活動的結果」。簡而言之，他對打瞌睡的解釋就是大腦中某些部位被抑制了，於是其他部位反而被啟動，令嬰兒進入興奮狀態。巴夫洛夫未必就是對的，但至少給出了一種可能性。這種情況下怎麼做？答案是做不了什麼，因為這是大腦的事。事實上，大人去抱嬰兒，去哄嬰兒，反而打破了大腦的自我迴圈，是有害無利的。

不過我可以獻上一個哄睡小祕訣——念詩。這樣做的好處有很多，比如，讓孩子早早了解音韻之美。古詩鏗鏘起落，很容易培養孩子的節奏感，所以多給孩子念詩，可以彌補日常生活中詞匯量不足的問題。年輕朋友們說自己只能背《木蘭辭》，往往還背不完整。因此，我一口氣把《將進酒》、《俠客行》、《念奴嬌・赤壁懷古》、《沁園春・雪》以及「男兒何不帶吳鉤」、「我花開後百花殺」、「一日看盡長安花」等等給她們在社交軟體上統統發了一遍。這些都是意氣高昂、熱情飽滿、聽得人血脈噴張的詩。朋友們都很感謝我，因為此後，孩子們每天都睡得飽滿實在。

我看過另一個關於哭泣的解釋是，哭泣可以讓新生兒得到鍛鍊。新生兒是很軟弱的，你把他放成什麼姿勢，他就是什麼姿勢。新生兒像一株植物，明明有著蓬勃的生命力，但是依然需要養料，等待著被喚醒。

當胎兒的肺發育到一定程度時，會給出一個信號啟動分娩機制。胎兒千辛萬苦，用盡全身力氣見生天，呱呱墜地後，張口吸進第一口氧氣，哭泣不止。在嬰兒出生之後，哭泣也能起到類似的作用，如嬰兒的口腔被打開；腹肌胸肌被鍛鍊；上下氣道逐漸適應在發聲的同時自由呼吸；隨著哭泣而蹬腿和揮手，大動作能力也得到了提升。

我要說一個小笑話，我懷孕的時候，看了大量和產育有關的書，其中提到嬰兒的哭泣聲高達九九六分貝，我半信半疑。後來我自己在病房裡等待手術，聽見旁邊病房一個產婦在大喊大叫：「讓我剖，讓我剖，我疼，不活了……」一堆人亂哄哄地在勸說、安撫她，包括調門提得很高的護士長、婆婆、媽媽和老公等人。就在這時，不知在哪間病房，一個嬰兒開始哭泣。呵，金口一開，嗓門驚人。立刻，產婦的鬧騰聲完全被壓了下去。不知道是碰巧還是被感召的，其他的嬰兒也加入了這首哭聲大合唱，那音量就算是拖拉機也不遑多讓。

媽媽們對孩子的哭泣要重視，但不要過度重視。

另外，孩子的哭可能只是以一種特別的形式來表達對媽媽的愛。朋友玉言很崩潰，所有人都說她的女兒很乖、很聽話、很好帶，但女兒只要和媽媽在一起的時候，就開始又哭又鬧又不聽話。昨天，小丫頭要搶媽媽的眼鏡，媽媽怕眼鏡摔了，講話稍微大聲了一點，小丫頭就放聲大哭，還死攥著眼鏡不鬆手。朋友說：「我抱著她溜達，結果她看見她爸爸一下撲過去，雙手緊緊攥著她爸的衣服，一副特別委屈的樣子。她爸接她過去，她就抽泣。我把頭湊過去，她就瞪我一眼，又開始號啕大哭。過了五分鐘她才又要我，但我依然沒有把眼鏡成功搶回來。而她撲過去找爸爸的時候，她爸爸跟她要眼鏡，她馬上就遞給爸爸了。」朋友很鬱悶，這是為什麼？女兒就只欺負媽媽嗎？

我回答：「正常的，小孩兒見娘，沒事哭三場。」

朋友依然不解：「那小孩的目的是什麼？」

我苦笑：「一個嬰兒，做事還有目的？這就是本能。」

朋友說她上網查了，專家說這是孩子沒有安全感的表現。但她也不知道孩子的安全感缺哪了，該怎麼補。

我說：「安全感就和錢一樣，是人都缺。沒人不缺錢，也沒人不缺安全感。我更傾向於認為，孩子有這樣的舉動恰恰是有安全感的展現。對嬰兒來說，媽媽是全世界最愛自己的人，可以在媽媽這裡肆意妄為，大哭也好，鬧騰也好，都不會影響媽媽對自己的愛，嬰兒甚至還要表現得更委屈。」

玉言又問我：「年年也這樣嗎？」

小年大概五六歲的時候上圍棋課。有一次她從廁所出來的時候，因為地滑，摔了一跤，坐到了地上。所幸的是冬天孩子穿得比較厚，她沒摔得很厲害，就一個人站起來了。我在旁邊休息室看著，也懶得管。結果，一個家長看到了，連連驚呼，又衝過來叫我：「你孩子摔了。」我只好出來。小年一看到我，立刻腿一軟，坐倒。可這下倒好，小年直接坐到水泊裡了，放聲大哭：「媽媽，我摔跤了……」有一句鄉間俗語總結如下：「小孩見親娘，沒事哭三場。」

哭，是撒嬌，是有恃無恐。孩子知道如果自己不哭，媽媽是愛我的，我哭，媽媽會更加地愛我，而我想要媽媽更加地愛我。

雞鳴之前，你娃將三個月不認媽

我自己剛當媽媽的時候，一點兒也不愛小孩。因為我太累了，一天二十個小時都在哺乳（雖然聽起來不科學，但確是事實）。我只能在剩下的四個小時裡抽空上廁所。當媽媽以後，我最強烈的感覺就是，我總是在憋著便意。因為我在哺乳的時候，她快要矇矓睡著，此刻即使我想上廁所，我也不想移動弄醒她，省得又要重新哄她。

我記得我在小年出生後的第十三天，天將放明，又是一個通宵都在哺乳。後來，她終於睡著了，而我發現床單被她的尿弄髒了，但我累得實在無力清理，只好倒在床上，內心絕望得差點想從哪裡跳下去，心裡想著這樣的日子到什麼時候才是頭。如果我是一名貴婦，有一整支團隊幫我帶小孩，我一定會把小孩立刻交給他們，自己絕不多看小孩一眼。

我說的是真的。前三個月，帶小孩是純苦役，沒有快樂，只有各種肉體上的疼痛和疲勞；沒有成就感，三個月的小孩連頭都不會抬，就是一團肉；沒有回報，無論你為這個小孩做了多少事，做得有多好，他都不認識你，都只會發出強烈的哭聲，而且誰的奶都一樣，真正應了那句話，「有奶就是娘」。

人生前半場，我從來沒有遇到這麼難的事。我能在完全不愛，且沒有回饋的事情上堅持，純粹因為我是母親，我別無選擇。

轉機在三個月之後來臨，漸漸地，這個小東西認識我了。她會對著我笑了，她看到我從外面回來，會眉開眼笑地往上撲。哪怕我明知道，她是為了我的乳汁，但至少我知道孩子是需要我的。而她甚至在吃奶的時候，都會抬起眼睛看我，靜靜地看我。那眼神彷彿在說：「我認識你，你是一個很重要的人，我要用目光撫摸你的鼻子、眼睛，就像我以後將用雙手撫觸一樣，我要看清你長什麼樣子。」

我終於用愛換到了愛。我非常佩服，有些父母出於道義、責任或者信仰，能愛那完全不愛自己的兒女，但我覺得絕大多數父母都做不到，因為人性使然。我們很難去愛那些不愛我們的人，但帶孩子必須挨過那最初的三個月。並且，這世上所有的愛，大部分取決於「你是什麼人」。而孩子的愛，往往是因為「你為他做了什麼」，這是必須用行動去換取的愛。

在小年快一歲的時候，我終於出了第一趟短差，當天早上出門，在當地睡了一夜，第二天下午就回來了。我記得我回來的時候，還給小年帶了禮物，很開心地喊她，逗弄她。然而，她在我媽懷裡，認真地皺著眉看我。我當時沒有想到她會有認不出我的可能性，還以為小年是生氣了，但突然間，她認出了我。也許是因為我的氣味，嬰兒第二天就能分辨出母乳與其他人乳汁的氣味區別；也許是因為我的聲音，每個母親都有獨一無二的音色；也許是因為我的笑容，畢竟我是世上與她一道歡笑的那個人。她狂喜地又蹦又跳，同時大概也意識到，我消失了一段時間，開始嗚嗚地哭起來。這是傳說中的喜極而泣吧？我把她抱緊入懷。

有一個關於同理心的實驗，拿嬰兒當受試者。先給嬰兒看媽媽大哭的樣子，嬰兒會在驚慌之後，也開始大哭。這表明了他們感同身受，不僅理解了媽媽的難過，自己也很難過。再給嬰兒看陌生人大哭的樣子，嬰兒會一邊大哭一邊驚慌失措，甚至想努力爬走，這時雖然他們也理解了陌生人的難過，但他們會很恐懼。

因親人的難過而難過，因陌生人的難過而恐懼，這兩者雖都是出於同理心，但媽媽得到的，是特殊的待遇。

育兒之道

還給孩子一個摸爬滾打的嬰兒期

有一位信奉「親密育兒」的母親，與孩子二十四小時在一起，隨時隨地抱著孩子。她認為只有這樣，孩子才像仍在母胎中，這能給孩子最深的安全感。這麼個抱法，媽媽的手腕、肘、腰、腿等部位全都受不了，所以她患有各種毛病，動不動就渾身疼得一動也不能動，只能與孩子相依而眠。

為什麼沒人幫她帶小孩呢？因為所有人和她的教育理念都不符。她罵走了讓她斷奶的自己的親媽。她認為孩子對母乳的需求是一種本能，不要干涉，等孩子不需要了會自然戒斷。她罵走了制止孩子玩插頭的婆婆，她認為保護孩子是母親的第一要務，這種事應該首先跟母親說，讓母親來處理。如果旁人要說，也得和顏悅色地說，怎麼能夠大聲喝斥孩子呢？

她平時在家就一直抱著孩子，沒法做家事，所以餐餐吃外賣。她只要出門就起衝突，衝突對象包括不讓孩子在大廳飛奔的物業人員，不讓孩子在地上爬的商場工作人員，不讓孩子在牆上亂塗亂畫的肯德基服務生。她認為自己是最通情達理的，因為她覺得如果他人有要求可以跟自己商量，但前提是不能吼小孩。比如，她的小孩在兒童遊樂場遇到個大自己一點點的姐姐，孩子想跟小姐姐玩，她同意了，但給小姐姐講了一堆注意事項：「你必須要尊重我的兒子，他不是小弟弟，是個獨立的人。」小姐姐似懂非懂地站著聽完，大概覺得怪阿姨不可理喻，扭頭就走。然而，兒子只好看著小姐姐的背影，放聲大哭。

在育兒過程中，雖然她二十四小時帶孩子，但一旦等老公下班，進入她與兒子之間緊密的育兒空間中，就會引起衝突。她老公要求兒子不要挑食，她抵死不從；她老公企圖帶玩了泥巴的兒子去洗手，但遭到了她的反對。媽媽的觀念是，孩子不願意去洗手，是喜歡泥包裹在手上的感覺，父母要接受，不能強迫孩子。有一天，她老公啥都沒做，坐同事的車回家，遇到兒子和她，同事向兒子打招呼，兒子露出害怕的表情。她就認為這個同事是有問題的，因為一個連她兒子都不喜歡的人，怎麼可能是正常的？後來老公要求她必須送小孩去上幼稚園，如果不行，就離婚。要麼孩子歸爸爸，別人家小孩怎麼帶，這個小孩就怎麼帶。要麼孩子歸媽媽，爸爸出撫養費，一個月三千人民幣，其他的什麼都不管，只當這孩子已經丟了。

如果夫妻關係到了要談離婚的程度，那麼可能是父母雙方均有問題，可能是溝通問題、夫妻關係問題、雙方與原生家庭的親子關係、自己的性格弱點……也許需要長期的輔導才能改善，而且不光是母親改善，可能需要家庭裡的每個人改變。但是，零到三歲時是教養孩子的黃金時間，他得到的養育將是未來人生的底色。母親爭分奪秒地想要多愛孩子一些，但愛與規矩哪個更重要，答案也許是因人而異的。我們也沒法判斷，這種教育模式到底好不好。說不定要過好多年才能看出來，麻煩就在於，如果長大後發現這孩子身心健全，當然是好事；如果發現正好相反，便已經無可更改了……

偉大的心理學家皮亞傑早就說過：「智慧來自雙手。」孩子是如何認識世界的？是靠摸，所以孩子有了觸覺；是靠捏，所以孩子理解了軟硬；是靠咬，所以孩子知道滋味和物體在齒間的感覺；是靠搖，所以孩子感受到聲響……

皮亞傑給孩子們做實驗，指著一個抽屜對孩子們說：「這是抽屜。」孩子們無動於衷，即使說一萬遍也沒用。於是，皮亞傑拉開抽屜給孩子們看，示範了一拉一合的動作。孩子們覺得很好玩，咯咯笑了起來。接著，皮亞傑讓孩子們親自拉，孩子們大笑著拉動抽屜，同時發現了自己的嘴也跟著一開一閉，認為這是最好玩的玩具。皮亞傑讓孩子們通過親自實踐，知道了什麼是「開啟與閉合」，並且發現了嘴和抽屜一樣會開啟閉合。那麼，嘴是否還有和抽屜一樣的功能？比如把東西塞進去或者倒出來。這也得靠孩子們自己去發現了。

還有很多人都知道的蒙特梭利，她是義大利第一位女醫學博士。在她就職於羅馬大學精神科期間，她接觸到了很多發育遲緩和有智力障礙的孩子，她認為這些孩子也應該得到教育。一八九七年，她與一位年輕的博士蒙特薩諾戀愛且合作，為智障兒童開設了一所學校，設計了很多教具。二人一直觀察孩子們，與他們互動，嘗試通過感官刺激促使孩子們的心智發展。經過一段時間的教育後，他們讓智障兒童參加教學考試，其中部分兒童竟然通過了考試，甚至超過考試平均水準。蒙特梭利受此啟發，開始了對「蒙氏教學法」的初探。蒙特梭利的辦法就是「感官刺激」，或曰「摸爬滾打」。

獨立地靠自己的雙腿行走、靠自己的雙手雙眼感受世界，沒有比這更重要的事了。如果你去養老院採訪老人們，問他們什麼是世上最幸福的事？老人們會說，自己上廁所、吃飯、走路、做一切自己力所能及的事情。

其實對孩子來說，也一樣。

親密有時候是一種束縛。

陪伴孩子很重要

有一種說法是，「陪伴是最長情的表白」。我說：「陪伴不是，活動才是。」不是說我像植物一樣，一動不動地陪伴著你，而是與你一起吃喝、一起跑步、一起活動、一起處理問題。愛情如是，親情也如是。

朋友青青講了一件事給我聽。有一天她帶兒子坐計程車，路上娘倆話家常：「寶寶，今天你在學校遇到了什麼？」孩子回問道：「媽媽，今天你上班上得好不好？」到快下車的時候，司機說：「第一次遇到你這樣的媽媽。」她很奇怪，明明自己沒做什麼特殊的事呀。司機解釋：「一般的媽媽和小孩，要不一人玩一個手機；要不媽媽玩，小孩扯著媽媽，要媽媽和自己說話，而媽媽還會吼小孩。」

我聽了這個故事以後有些疑惑，陪著孩子玩手機，算陪伴嗎？當然算，只是這樣的陪伴有意義嗎？如果陪伴指的是你做你的事，我做我的事，或者各玩各的，那麼陪伴什麼都不是，活動才是真正的表白。

另外一種行為，其他母親可能覺得意義重大，但我覺得應該適可而止，那就是做飯。大部分人應該都了解日本媽媽的日常，她們大清早五點就起來，給孩子做各種造型的便當。熊貓便當就是白米飯上嵌了黑豆、梅子和一團肉鬆，綠鯉魚便當是在白米飯上覆蓋了青菜，菜葉都選大小一致的，一右一左地排列，美感絕對一流，但是吃到嘴裡不就是白飯小菜嗎？有這工夫不如多陪伴孩子活動一會兒。可以早起和孩子一起跑步，一起去放風箏。媽媽也可以傾聽孩子的各種童言稚語，還可以與孩子暢所欲言，最後兩個人一道在草坪上打滾，多好。

孩子最重要的器官，不僅是胃，也有腦與心。人在出生之後，腦部會經歷兩次迅猛發育，一次在一歲之前，另一次就是青春期。如果想讓孩子腦部發育得好，就不要光想著吃什麼對腦子好。一方面，可以靠輸入大量資訊，包括聽到、見到的各種知識、事物、新鮮的人。刺激越多，大腦越能生長出各種細胞。另一方面，嬰兒必須大量用腦，大量聽人說話，看外面的風景，聽媽媽念書，看各種對孩子們來說稀奇古怪的，並且能夠引發思考的事物，讓孩子的大腦習慣於狂奔、散步與休息等狀態。

隨著經濟、醫學水準的不斷發展，人類的育兒方式其實是在不斷改變的。所以，很難說哪個是主流，哪個是正確的。比如，早期的育兒理論，其實是建立在「嬰兒的高死亡率」這一現實基礎上的，如果養不好，孩子就夭折了，因此非常重視養育。較早一點的國產育兒書會講很多有關「如何為孩子做副食品」的知識，而忽略母親與孩子之間產生很多感情互動，也不強調早教。其背後原因是當時生育率高而存活率低，母親的主要任務就是生育。如果母親與每個孩子都有感情，當孩子夭折的時候母親會極其痛苦。所以當時，母親對孩子的教育和感情，往往在孩子三四歲之後開始，這時最危險的年頭已經過去了。而到了現在，嬰兒死亡率已經下降到一個很低的數字。那麼，過分精細的養育、對孩子安全或疾病的過度關注，是一種不必要的焦慮，還可能給孩子增加心理壓力。而早期聯絡情感，培養孩子的健全人格，形成正面、健康且長久的親子關係才是更有意義的。教大於養，活得快樂更重要。

松田道雄所寫的《育兒百科》是我最認真讀過的育兒書，他有一個觀點，深得我心。他認為不要在一些精細的小事上，過度耗費母親的體力、精力。早期當然是母乳餵養比較好，但總有母乳不太夠的母親，這些母親為了能夠全母乳餵養，拼了老命，讓孩子幾乎二十四小時掛在自己身上。但後果是母親長期得不到休息，身體極度疲乏，內心的挫敗感又揮之不去，最後人困馬乏。即使有些母親能勉強全母乳餵養，也很容易在將來出現健康問題。到孩子能吃副食品時，我見過許多母親，尤其是老一代，仍然會站在廚房裡，花幾個小時來做副食品。松田道雄反對母親們非常精細地切肉泥、剁蛋黃，明明有市售品可以取代。不是說自己做食物不好，而是說，母親原本可以省下這珍貴的一兩個小時來陪小孩玩耍，給小孩飽滿的親子陪伴時間。到孩子能爬能走了，他也反對母親們把家裡擦得一塵不染，自己累得腰都要斷了，只能在一邊休息。他認為母親應該陪著孩子摸爬滾打，然後家裡保持正常清潔即可，很輕微的汙垢，是不會影響孩子健康的。曾經跟母親一起玩的童年，是每個孩子一生中最寶貴的底色。

簡而言之，不要為了孩子的「吃」，耗盡母親的全部精力和時間。雖然有一種說法是，「愛一個人的話，你就會願意做好多好吃的給他」。但我覺得，與其我一個人下廚，我愛的孩子一個人玩耍，然後一個人吃，我帶著滿頭的油煙味道、滿手的油膩、滿臉的滄桑、滿足的笑容看著孩子，還真不如我與孩子一道風風火火地大玩一場。

怎麼教孩子，你自己做主

教育方法的流派太多。最近旁觀大家的育兒之爭，我忽然心有所悟，育兒觀念之爭其實類似於儒家、道家、法家之爭，其本源就是對人性是善還是惡的爭論。

儒家的觀念是「人性善」，但需要教化，「正面管教」、「不打不罵教出好孩子」，講的是「教」，是引導孩子。

道家的觀念是「天人合一」，人也是大自然的一部分，所以無善無惡，「聽從內心的聲音」、「愛與自由」，就是接受自我，講的是「順」，是讓孩子自由發展。

法家大多認為「人性本惡」，較類似於經濟學的原理「人都是理性的」，或曰「人都是自私懶惰的」。所以，「虎媽」強調的是管束，是管理，是「人心似鐵，官法如爐」。父母要管教孩子，控制任性。

另外還有一種，是中國傳統的「內法外儒」，就是表面上是教育，本質上是利用法律和懲罰的嚇阻，再溫和也是一種嚴厲的管教。

因此，你是哪類育兒理念的擁護者，其實取決於你的自我定位，是有待打磨的璞玉，是渴求被愛的小孩，還是要努力克制的「小魔鬼」？哪種教育理念是對的？還是應該如孔老夫子那般，做到有教無類，因材施教？這個問題是無解的，但是任何教育理念都不能走極端。

我看過一個慘劇，一位新手媽媽因為迷信「睡眠訓練」，令嬰兒窒息身亡。關掉新聞，我剛好看到機構在推銷睡眠訓練時使用的話術，其中有一句是：「胎兒在媽媽子宮裡，就是腹部朝內，背部朝外的蜷曲姿勢。」這明顯違背常識，如果真這樣，各位媽媽產檢時，都是怎麼拍到孩子的口唇部的？

到底胎兒在子宮內朝哪個方向，我真不知道。但我知道，如果不懂，可以去問專業人士，或者可以去看專業書籍，而不應該人家說一個答案就信以為真。誰是專業人士？是醫生。什麼是專業書籍？首選醫學書籍，但也要兼收並蓄。

人總有知識盲區，需要不斷地學習與突破。但麻煩就在於一些人不知道自己無知，還往往堅信自己知道。不讀書、不諮詢、不學習，說些一知半解、似是而非的理論。自己這樣也就算了，往往還影響到家人或者身邊的人。

現在還有一種流行的教育理念，認為家長不應該限制孩子吃甜食。他們有很多例證：「孩子吃糖，吃到血液含糖量平衡了，吃到心臟負擔加重了，那肯定不會再吃了。因為那一定不舒服，沒人願意跟自己的身體過不去。如果難受了，孩子幹嘛要繼續吃？」、「餅乾糖果如果充足供應，那麼孩子吃糖的興趣越來越少，最終只吃少量高品質糖果。」、「把四歲的狂吃餅乾的孩子當嬰兒一樣寵愛一陣，不限制餅乾糖果的數量，甚至主動餵給孩子，導致孩子現在對餅乾糖果興趣大減，很清楚自己需要吃多少。」總之，這些理念認為父母不應該限制孩子吃甜食。孩子會吃甜食，就是因為家長限制過度。如果孩子吃得夠多，夠自由，很快就吃膩了，之後就不會再吃了。

不對呀，按這個邏輯，為什麼要培養親子閱讀？難道不會因為書籍的充足供應，導致孩子看書的興趣越來越少？如果無限度地給糖，孩子就能自然地不吃糖，那培養孩子閱讀的方式應該是「嚴禁看書」，但凡發現孩子看書，打的打，燒的燒。長此以往，孩子自然就會深深地愛上書本。那些費心培養孩子閱讀習慣的媽媽都可以休息了。

如果你們能發現這些說辭中的荒謬之處，我想你們是能夠繞開雷區的。世上的育兒書那麼多，育兒觀念各有不同，選一本你喜歡的就行。

另外，我旗幟鮮明地反對父母進行「內疚式教育」或是「感恩教育」，這都是在逼孩子。稍微說遠一點，我曾經認識若干位職場女性，她們工作壓力不小，還得陪讀。她們既想讓孩子上最好的學校，又想與孩子朝夕相處。她們在小孩學校附近租房住，租的房子與工作單位之間需要一兩個小時的車程，每天開車就要花費四個小時，一堅持就是好幾年。此外，她們雖然高齡得子，但是跑步、游泳、跳繩、打球一個也不落下，誓要保持最好的狀態，不讓孩子的同學叫自己奶奶。突然有一天垮了下來，臥病在床一兩個月，但是她們依然會從病房裡溜出來，帶著留置針去送娃。

有人說在大城市通勤一兩個小時是正常的。是嗎？如果光是通勤一兩個小時還好，但當媽媽的還要做飯，給小孩輔導作業，帶小孩跑步。我看著她們這樣堅持了幾年，一個接一個地崩潰，有人暴瘦一二十公斤，有人住院，還有人最後不得不辭職……如此超負荷地付出，得到的是孩子們的感恩嗎？當然不。

大部分情況下，孩子們全然不知父母的付出，他們早已習慣這一切，只感受到自己一天天地長大，卻意識不到父母一天天地衰老；他們沒生過大病，如果家人不告訴他們住院是什麼，他們就沒法知道；父母無限給予，只想在孩子入睡前、起床後多說幾句話，但孩子不耐煩，只希望父母出幾天差。

因此，我想對爸爸媽媽們說：「別太辛苦自己了。」太過辛苦的你，一定會心煩氣躁，讓你不能體貼溫柔。如果你只想放鬆一下，好好睡一覺，那麼你很難提供所謂的「高品質的親子時間」。你每一次的給予，難免會在心裡標出價格。你願意將自己和盤托出，但你想要被孩子記住並且感激。你只是希望你的孩子在愛的激發下，能夠好好學習。但偏偏這一個願望，未必能夠達到。就算可以，孩子們也會永遠承受著一種「我如果成績不好，就對不起我爸我媽」的壓力，這壓力像是一團烏雲，籠罩著他。你希望孩子背著內疚向前嗎？

大人會經常覺得孩子是故意氣我的，才會不好好學習。天地良心，哪有這樣的小孩？我得替小孩們說一句：「誰不想成績好呀？」小孩都是想好好學習的，只是他們不知道怎麼才叫好好學習，也不知道到底怎麼樣才能成績好。他們不光想玩，而且也想在學校裡被表揚，他們就是不知道該怎麼做，才能把這兩件事全部實現。小孩折騰一通，媽媽就焦慮了。孩子覺得媽媽都付出了這麼多，可是自己還沒能拿出讓媽媽滿意的考卷，小孩心裡不難受嗎，不內疚嗎？小孩該怎麼辦？

各位家長，這是你們想要的嗎？有可能造成的後果是，小孩只能一狠心，對家長的付出視而不見。因為家長的付出是天高地厚之恩，孩子自覺無法償還，那就算了吧。我替小孩想想，也不知道自己該做什麼，才能告慰媽媽的辛勞。只有考上清華北大，才可以讓媽媽們覺得自己沒白付出，但名校不是想上就上的。孩子們反倒會想，家長要覺得想考就能考上，那不如家長自己考。

我真心覺得，家長們的無限付出，也許是沉迷於母職懲罰帶來的殉難感。而受壓之後的小孩，要麼做出極端行為，要麼成為白眼狼。

「無條件的愛」

我有時會想，是否因為人人都渴求「無條件的愛」，也明知道這是不可能得到的，於是發明了神。在神的眼中，無論你是好人還是壞人，是美人還是醜人，是聰明的人還是愚癡的人，你都能得到永恆的愛。

兒女六歲之前，父母確實是他們的神，至強大至慈悲，無所不能，一味付出，別無所求。話又說回來，父母能對六歲以下的孩子要求什麼？但當孩子漸漸地長大成人，也就是父母偶像黃昏期的開始。孩子們對父母最嚴厲的指責就是，你們沒有無條件地愛我。

許多父母只能無言以對，因為如果父母們誠實，他們就必須承認私心雜念的存在。而且，在多孩家庭中，父母對孩子的愛也不是均等的。孩子的兄弟姐妹，有的更聰明靈巧；有的比較貼心，很早就懂得心疼父母；有的讓父母和整個家庭能夠立穩腳跟，給父母提供最後的安身之地。但父母永遠不會承認自己不夠愛某個孩子，父母只是認為自己會不自覺地對孩子很嚴厲，卻從來沒有意識到，有些嚴厲其實是隱藏的惡意。父母自己不會承認，外人也無從置喙，但孩子能在擁抱和愛撫裡，感受到那根冰冷的刺。

父母的做法無關對錯，我只是想提醒年輕父母，這種對孩子「隱藏的惡意」還表現在很多方面。比如，有時候孩子身上有兩個人的基因，或許另一半是你痛恨的，但因為孩子存在，使你永遠也無法擺脫那個人。還有時候，孩子身上有很多被老人慣壞了的習慣，看著孩子就像看到老人。有些老人對你頤指氣使，給你氣受，而你既不能還擊，也無法一笑了之，這些情緒就積攢著，爆發在你的甲狀腺增生和乳腺增生裡。孩子日哭夜鬧，會磨掉父母的青春和耐心。但是，因為他是你的孩子，即使有一些「隱藏的惡意」，你也必須無條件地愛他。

另一個問題是，難道孩子就能毫無條件地愛父母嗎？答案是孩子也做不到無條件地愛父母。因為孩子愛的是那個「對自己好的人」，更多是出於本能。

孩子為什麼都愛外婆？因為外婆最愛孩子。為什麼在婆媳不合的情況下，母親向孩子訴苦，孩子卻無法完全理解和安慰母親？因為對孩子來說，那是奶奶，奶奶對自己很好呀。你們兩個都是對他很好的人，孩子沒法站邊。所以如果奶奶參與了育兒過程，我建議母親們不要向孩子們抱怨婆婆。因為抱怨的結果，多半就是孩子覺得母親很過分。

對孩子來說，母親是在詆毀一個愛孩子、對孩子好的人。

還有些家庭被其中一人的行為（多半是父親外遇或其他行為）深深傷害。當傷害涉及孩子的時候，孩子當然會恨父親。比如，父親作為家裡的頂梁柱，卻拿錢去養第三者，讓孩子生活艱難。但有時候，如果傷害僅僅停留在夫妻關係上，即使孩子知道母親很痛苦，在感情上也會不由自主地傾向父親。因為在孩子眼中父親是那個好看、體面、帶孩子去玩、給孩子買東西的人。這種情況下，當孩子長大成人之後，經常感覺到割裂與自責。他們知道自己在理性上應該站在被傷害的一方，但理性與感情，不能互相代替。

而即使父母子女都很幸運，得到了對方無條件的愛，其實彼此也有煩惱。我有一位朋友是獨生女，從小到大備受父母寵愛，這「無條件的愛」給了她充足的底氣，也讓她有一種與生俱來的壓力。如果她做得不好，辜負了父母怎麼辦？而且她必然做不到如父母愛她一樣愛著父母。

而我是多子女家庭中的一員，我從小就能意識到競爭無處不在。但好在我的家人很愛我，尤其是從我母親身上，我才知道愛能廣闊到什麼程度，愛能強大到什麼地步。敏感如我，能感覺到那愛裡的原諒、包容以及「雖然我不懂你，但我接受你」。當我沮喪消沉，這愛裡又帶有一種隱約的譴責，彷彿在說：「即使你不夠優秀，我們也依然愛你。我們愛你，因為你是我們的親人。」但有時候，天性貪婪，我希望有人愛我，是因為我夠好。我渴望另一種愛，一種「有條件的愛」，像渴望一種獎勵、一種爭取而來的驕傲。

所以，你看出來了吧？愛是很難的，什麼樣的愛都不能令人百分之百滿意。既然如此，就別強求得到，也不強迫自己付出。你得到的，就是你得到的。你能給的，就是你能給的。你做不到的事，她也做不到。我們不必一味強求無條件的愛。

親子之間經常會有不少無厘頭的爭執。兒女抱怨道：「你不想管我，你為什麼要生我出來？」母親也急了：「你以為我想生你嗎？」這位母親說出的，很可能是她的心聲，她不能拒絕婚姻。

二十年前，沒有人聽說過「不婚」這個選擇。單位裡有幾個未婚青年，工會開會時，都堂堂正正地把替大齡青年解決實際困難當作下一年的工作目標。當時的女性多會選擇與男人湊合過一輩子，絕大多數人沒有擇偶自由。因為圈子有限，相親超過十次八次就會留下話柄，人人都說她「高不成低不就」。她沒有試錯的機會，一旦有過婚前性行為，就必須嫁給這個男人。婚後，她不能拒絕性生活；她不能決定是否要避孕；她不能決定是否要中止懷孕；她不能決定是否要自然產；她不能決定孩子跟誰姓。當時的女性也沒法控制婚姻生活的幸福程度。男人有了外遇，她未必有能力離婚；男人懶惰不操持家事，那是更加恐怖的噩夢；她沒法拒絕公婆干涉自己的生活，人人都說：「幫你帶孩子你要感激。」她只好憋一肚子氣：「這孩子是我要生的？」

生育本身是九死一生，養育更是千辛萬苦。當然，她不能拒絕這一切，結婚和生育對她來說，像天災人禍一樣不可避免。她愛的孩子，她未必能保得住，多少嬰兒死在母親懷裡；她不想要的孩子，她卻無力阻止其到來，也不能拒絕養育。

愛，像一種魔藥，像街頭的雪，隨意拋灑，拋到誰身上算誰的，如此這般，有些母親愛自己的孩子，有些母親不愛，其實是很自然的事。

愛，是一種感情，有時候必須在當事人有「不愛的權力」時，才可能發生。她不想結婚，不想生子，但是無力拒絕。

既然如此，就別強求她愛自己的孩子了。能愛，是她與孩子共同的福分。即使不愛但不得不養育，也是母親生活中的另一個無奈而已。對我們的上一代以及更久遠的人來說，母愛是椿奇蹟。也許想通這個，那些不被愛的孩子，能夠稍微放下自己胸中的怨懟，原諒父母。因為兒女的立場是——我沒要父母生我。而站在父母的立場上，就能理解父母的心態是——我沒要生你出來，我也只是無奈，哪有百分百無條件的愛？不過是我把一些積攢的愛轉化成了對孩子你的愛。

有一本書叫《圖書館裡的貓》，說的是一隻幼貓被遺棄在圖書館的還書箱中，之後，牠在圖書館館長和讀者們的愛護下，成為鎮館之貓。我讀的時候，驚歎的不是一隻貓竟然得到了這麼多的愛，而是收養牠的圖書館館長。她得到過很多來自社會與家庭的愛、支持與原諒。這位圖書館館長經歷過多次手術、離婚、單親育兒。當她失業，她的父親和兄弟姐妹籌錢幫她養小孩；當她想進修，有無數機構為她開綠燈；她想當館長但學歷不夠，於是貴人網開一面，讓她邊代理邊讀書。從她身上，可以看出得到愛越多的人，越能夠好好地去愛一個人、一項事業和一隻小動物。

我看著身邊的年輕朋友們一個個做了媽媽，我也清晰地感受到，如果新媽媽在產育期間，被照顧得越好，就越能夠從容地度過這段人生中最孤單的里程，也就越能夠很早地愛上這個新生兒。當孩子陪在媽媽身邊，母親的身心都是安靜舒服的，所以母親很願意哺育、愛撫、哄慰嬰孩。

反過來，如果母親身體痛苦不堪，娘家婆家吵鬧不休，老公不給力，睡眠嚴重不足……母親如何能在火山口上餵養嬰兒？誰能在著火的房子裡觀音靜坐？孩子的哭泣聲，是這些雜訊中的一種；孩子的索求，是無數索求中的一個。因為孩子，她被罵，被指責「你的奶不好」、「你沒有自然產是你怕痛」、「你趕緊把孩子放下吧，孩子不要你」。媽媽甚至會對孩子產生憎惡的心情，都是你坑了我、害了我。母性從來不是與生俱來的，許多母親都是熬過最艱難的時段，才漸漸地愛上自己的孩子，然而有些母親，永遠都無法愛上孩子。我該同情誰？是同情那些不被愛、至少在最早期不被愛的孩子，還是同情那些不被愛、至少是被愛得不夠的母親？

不只是這個年代的母親令人同情，更早時代的母親更讓人心疼。著有《青春之歌》的作家楊沫在一九四五年的日記裡寫道，過去她總認為養孩子不是革命工作，為了革命工作，就應當把孩子扔給別人養，自己騰出工夫來工作。後來聽了報告，又有婦女部長給她寫信，她才轉變了原來的觀念。因為她認識到了一個簡單的道理，母親帶孩子本身就是偉大的工作，養活一個孩子，至少可為革命服務二十年。

於是楊沫決定自己養孩子，但還是有許多困難使她苦惱。尤其當孩子淘氣或纏得自己不能動身時，她就會煩惱、生氣、委屈……有時因為孩子，楊沫不能像許多同志一樣活動、工作，內心十分痛苦，感到自己前途將被葬送似的不安。

楊沫成年後，先是生育了三個孩子，但無一例外，出於種種原因，楊沫都無法陪伴孩子成長。

而她在日記裡，寫的是她生第四個孩子時的心路歷程。直到要生第五個孩子時，她決定中止懷孕，卻因手續問題沒有成，只好又很快地把剛生下的孩子送回老家，找人餵奶。

第五個孩子後來成為作家，筆名老鬼。他曾經怨恨過母親，但後來漸漸地理解了楊沫的困境，她是母親，她亦是一位有追求的作家，更是一個革命者。她想要兩全，但不能完全做到。如果在現代社會中，她也許能夠優生優育，但在當時，楊沫無法擺脫反覆受孕生產的命運，這讓她痛苦不堪，甚至遷怒到了孩子身上。

楊沫固然有她的自私與冷漠。但幸好到了晚年，楊沫漸漸意識到，自己作為母親的一些失職。而老鬼經歷了人生歲月，也看到了母親的愛。到了最後，他們終於是一對相愛的母子了，終於能夠無條件地愛著彼此了。

有時候，你只是太累了

我遇到一個年輕的女孩子，很年輕很年輕，但已經是三歲孩子的媽了。

於是，我羨慕地說道：「早生有早生的好處，你一定奶水充沛。」她說：「不不，我只餵了一兩個月。」我十分疑惑：「哦，沒奶？」

她還沒來得及否認，自己就先笑了，是尷尬的笑。她為自己開解：「就是接受不了怎麼一下子當媽了，接受不了這個小東西在我身上，特別煩，我不想靠近孩子。我寧願用吸奶器把奶吸出來餵，都不想親餵。」

我說：「我理解。」

搬家、升學、入職都是新世界的開始，是從一個大陸遷到另一個大陸。而生育的巨變，相當於從太陽系搬到了銀河系。從此天翻地覆，一日長過一年，人不復是人。

宇宙之大，容不下一個安安靜靜的蹲馬桶時間。但凡是做母親的，誰不曾提著褲子狼狽地奔回嬰兒床前？嬰兒隨時隨地號啕大哭，此刻你是奴隸，孩子是你的主人，哭聲就是鞭笞、是號令；你是心理學家實驗室裡的狗，孩子就是你的巴夫洛夫，哭聲就是鈴聲、是要求。不過你的乳汁並不會像口水一樣自動流出。

從來沒有人給新手媽媽們一個見習期、緩衝期，或是有人教導的實習期。總之，從嬰兒呱呱墜地的那一刻起，媽媽的工作時間就默認是一週七天，一天二十四個小時。

契訶夫有一篇《渴睡》。故事大概是這樣的：夜間，十三歲的小保姆瓦爾卡在搖搖籃，哄娃娃入睡。娃娃一直在哭，早已哭得聲音發啞，可是還是不停地哭。瓦爾卡睏了，她的眼皮都要睜不開了，腦袋也耷拉下來了，脖子又酸又痛。在她快要睡著的時候，老闆過來打她，斥罵她：「孩子在哭，你卻在睡覺！」她又搖了一會兒搖籃，模模糊糊地打了個盹，碰巧老闆娘過來餵夜奶，發現她偷懶，於是把她弄醒。

接著，老闆叫她生火，老闆娘讓她燒茶、刷雨鞋、搖娃娃。

娃娃還是在不停地啼哭，哭得乏透了。瓦爾卡感覺到有一種力量捆住她的手腳，壓住她，不容她活下去。臨了，她累得要死，用盡力氣睜大眼睛，聽著啼哭聲，才找到了不容她活下去的敵人，原來敵人就是那娃娃。

於是瓦爾卡掐死了娃娃，然後趕快往地板上一躺，高興地笑起來，不出一分鐘她已經酣睡得跟死人一樣了……

這裡有一個問題，如果這個工作了一天、睏得要死而不能入睡的人，不是小保姆，而是嬰兒的母親呢？當母親工作了一天，又要餵奶，又要做全家人的飯，又要洗無數尿布，最後還要來哄孩子睡覺，她會不會恨得只想掐死這個孩子？極度的疲累，是可以影響母親與孩子的感情的。這個問題男人們大多是不相信的，因為他們認為母親愛孩子是天性，母親無論多饑餓，多痛苦，多疲累，都肯定會愛孩子。只有認為母親必須愛孩子，他們才能心安理得地從帶孩子的苦役中逃脫。

我出生的時候，我媽說全病房生的都是女孩。我爸牽著我大姐，背著我二姐，去看我媽，給她帶了麵包與荷包蛋。他是病房裡唯一出現過的男人。其他產婦一邊羨慕著我媽，一邊都在罵自己的婆婆和丈夫，因為他們的婆婆、丈夫一次都沒出現過。然後，大家都是要出院的。可以想像出來，這些產婦出院之後的生活。她們有些要繼續上班，有些要操持家事，並且還多了個需要吃奶、換尿布的幼女。然而，她們的婆婆、丈夫是不會幫忙的，只會冷眼旁觀，甚至打罵她們。這是什麼樣的人間煉獄？

在這種情況下，請問她們還能像歌裡、小說裡寫的那樣，溫柔地愛這個女兒嗎？這個女兒的出生，帶給她的只是肉體上的疲勞和精神上的痛苦。女兒還要哇哇地哭，讓她不能安睡。她又不是木雕的觀音，能夠不吃、不喝、不睡。

所以，如果你覺得你不夠愛這孩子，就讓自己放鬆一下。愛是山泉，只要大石頭壓得不那麼緊密，只要留有一絲縫隙，就會流淌。

不要內疚，不要自責於自己的「不夠愛」，你真的只是太累了。

4
Chapter

這家中還有一個小孩，是你自己

你成為母親後有很多新鮮的體驗，因此獲得了心理上的無助感以及成長感，卻失去了年少的勇氣與不羈。年少的你，由於缺乏安全意識，也許會在車水馬龍的街道上肆意穿梭。但此刻，你怕了，你停下來，牢牢抓住那隻小手：「乖，我們走斑馬線。」小手軟軟的，無限依賴地待在你的手心。

作為一個母親，當你開始有擔當，能夠為你的孩子安排未來時，這就是成長。而你不知道自己會變得有多好。

孕育是一次共同成長

再沒有比生兒育女更能讓人領悟為人之母的心情了，這是一個悲傷老母親的肺腑之言。我幾乎每天都要聽見：「媽媽，我的褲子呢？」、「媽媽，我跟你說過不要動我房間，你一動我的東西就不見了。」、「媽媽，你為什麼看我QQ空間？你這是侵犯我隱私。」

這些「質問」聲聲在耳，每一句都是一個耳光。其實這些「質問」，在許多年前，也是我的口頭禪。時光旅行於此，一記一記地抽著我。我在等，一定還會有「我也沒讓你生我」、「你根本就不理解我」、「你那些想法早過時了」，聽到這些話的我，像終於落網的賊，不予申辯。我承認一切罪孽，也甘受一切懲罰。我知道，新生的樹就是要戳破天空的廣闊，而被撕破的天空，總會嘩嘩地下起雨來。不養兒不知父母恩的另一個解釋就是，父母將藉由生兒育女完成自己的成長。

有很多親子關係就像《科學怪人》中的情節。《科學怪人》是瑪麗・雪萊創作的一部幻想小說。起先，許多父母如法蘭克斯坦那般，熱衷於研究生命起源，滿懷憧憬地以為能複製一個屬於自己的人。等到造出子女後，父母就對子女產生了種種失望，你醜，你是怪物，你的吵鬧令我煩躁，你向我索取愛與溫柔，你貪得無厭，你拉低了我的生活品質。於是，怪物逃離了法蘭克斯坦，在世人的嫌棄厭恨下長大，一生不曾得到愛，這絕望的渴求終於化作強烈的恨。之後，這些缺失父母之愛的孩子成為父母後，不能不愛孩子，因為這是他渴望得到的愛。但他又不能不嫉妒孩子，因為這是他不曾得到的愛。

在這種情況下，出現了一種教育理念，更關注於治療家長的童年創傷，在教育孩子的過程中，完成家長的自我療癒。我以前多少有些不以為然，覺得作為家長能不能專注於孩子呀，把視線從自己身上挪開？然而，當我斷斷續續地接觸到了許多親子問題後，看到無數家長將自己的焦慮、恐懼、憤怒、童年之痛、婚姻之苦、職場之挫、人生之敗都投射到了孩子身上時，我漸漸懂得這種教育理念是有意義的。

剛出生的孩子基本上都是好的，除了有些運氣不好，攜帶了不健康的基因，或者在胎兒發育期間曾遭病毒感染，只要父母給孩子差不多的養育，那麼孩子多半會成長為一個擁有健全人格的人。但如果家長自己有問題，有時候連「差不多的養育」都給予不了。

我曾經看到一篇貼文，一個家長感慨孩子對他沒有親情。他孩子上國二，每天晚上學習到十一點半甚至更晚。他陪了五個晚上，難受得不得了，他一直希望孩子主動開口說：「爸爸，你早點睡吧，不用陪我。」但孩子沒有。於是他失望得不得了，甚至對著孩子聲淚俱下，覺得孩子對他沒有感情。

這位家長已經四十三歲了，孩子才十三歲。家長陪到十一點半就不行了，孩子卻是實打實地學習到十一點半。你在這裡不辭辛苦地陪孩子學習，希望被孩子看到你的「付出」。家長光看到了自己的難受，但孩子的苦痛、煎熬以及剩下的漫漫長夜，家長看到了嗎？孩子至少要這樣拚到高三。

於是，這個爸爸還和孩子談了三個小時的心，但主題是圍繞「如何讓孩子提高效率」這個問題。無功，他又悲憤了。事實上，提高效率是很難的，並非動動嘴就能實現的。這個爸爸沒有考慮到問題的本質，沒有追問孩子為何效率不高，是作業量確實如此，還是孩子的學習習慣不佳，抑或是內心衝突？這都是要觀察和分析的，而不是靠談心得出來的。

為什麼大部分家長會對孩子提出嚴格但又荒唐的要求呢？估計得問這位家長本人，或許他曾經也得到過同樣嚴格又荒唐的要求吧。

不然的話，他怎麼會這麼需要孩子愛自己，幾近失魂落魄？

成年家長，要接受「我可能有毛病」這件事，該療癒療癒，該成長成長。

孕育是一次共同成長，家長的心態決定孩子的狀態。

媽媽不必一肩扛起所有

媽媽一定要學會示弱。每天開車兩個小時去上班的女友苦笑著對我說：「我好累。白天在公司裡應對主管、客戶與下屬，回家還有親子陪伴時間，我得強撐著鼓勵孩子，並發現孩子的優點。時而失控，時而爆發。」

剛剛給孩子交了暑假美國西海岸遊學團學費的女友歎息著對我說：「我真覺得不值。十幾天的詩與遠方，卻用光了我辛苦工作攢下來的積蓄。我不敢停下來歇一會，甚至沒有勇氣去查銀行的餘額。」

而我說：「為什麼，媽媽們不能誠實地告訴孩子，對不起，媽媽沒有錢，媽媽體力跟不上，媽媽的世界不只有你，媽媽還有許多其他需求。」許多時候，是媽媽自己讓孩子以為媽媽是無所不能的，再大的事都能扛，再大的困難都能解決。

媽媽辛苦地塑造出一個如同神明般強大的形象，也莫怪孩子有任何事都來找媽媽。因為他們認定媽媽是有求必應的，媽媽的付出是理所當然的，這不是孩子們的錯，而是母親給得太快，給得太多。

多少孩子在長大後控訴家長的不完美：「我明明想要一個西瓜，媽媽卻給我一箱冬棗。」媽媽們不如直接告訴孩子：「西瓜有西瓜成熟的季節，冬棗有冬棗成熟的時間，即使你貴為天子，在冬棗成熟的時節中也很難買到西瓜。不是媽媽不懂你的心，而是懂也沒用。」

多少孩子在緬懷某一條童年沒買到的裙子時，經常會抱怨：「長大後即使買得起也不是那回事了。」這是要開比慘大會嗎？媽媽們可以先上，說說那個當年為了孩子放棄的職位，說說那些為了孩子的忍耐堅持。

有些事，實話實說就好了，不要給自己太多負擔。要知道孩子的錯，不完全是你的錯；你的錯，也不是罪無可赦，但無論如何，別打小孩。

有一天，我與小年深情地懷念了一下她的嬰兒期。

我說：「你剛學會走路的時候，一見到我，扭頭就跑。」

小年說：「一定是你天天逼我吃東西。」

帶孩子的過程給了我一個深刻的啟示，我發現我之前對人類的預判是錯誤的。在認識小年之前，我還以為進食是人類的本能，但小年不愛吃東西。是我的錯嗎？不，這是她的天性。所以小年會說的第一個字是「不」。「不吃」、「不喝」、「不要」、「不不不」，我有時也在好奇女兒到底是怎麼活下來的。

還有一天，我說了我媽，雖然我不是有意的。因為我天性比較焦慮，所以小年也有一點。我媽就怪我：「孩子都是受你影響。」我耐心地回她：「那我的焦慮，是受誰的影響？」如果按照這個邏輯，我的焦慮情緒必須得賴到她老人家頭上呀，一代一代的，全是親媽的錯。她大概也想到了這一招，愣了一下，試圖嫁禍於人，迅速反擊道：「可能像你爸？」我歎一口氣，放過二老，說：「我覺得我是基因變異。」

所以，媽媽們，孩子長得不夠高，可能是你養得不好，也可能就是基因；孩子沒有安全感，可能是家長抱得不夠，也可能就是天性。別總讓人家「甩鍋」給你，你也別「甩鍋」給人家了。

你的錯，也不是十惡不赦，當然更不要自己「背鍋」。

一個年輕的朋友向我懺悔，覺得自己實在不是好媽媽。有次她被家裡的長輩們弄得不勝其煩，但又不能對長輩們發作。正好她不足一歲的小女兒在她身邊撒嬌求抱，她就推了小女兒一把。小女兒被推倒在床上，嚇了一跳，放聲大哭。她也差點心疼得哭了，懺悔如下：「我真對不起我女兒，我不配當媽媽。」我無動於衷地說：「這沒什麼，我也會對小年發脾氣的。」

幾個月前，也有另一個朋友向我表達過類似的懺悔，她說她一直想要成為一個自己小時候想要的那種模範媽媽，結果脾氣來了，忍了又忍，但最後還是會對著女兒暴跳如雷。事後她又無比自責，恨不能給自己兩巴掌。

我問她：「如果當一個媽媽來脾氣的時候，該對誰發，老闆、同事、下屬、客戶、老公、路人？」

朋友想了想說：「都不該發呀。」

我說：「你沒有失控的時候嗎？對老闆都敢拍桌子，客戶也都不伺候了，這種時候沒有嗎？」

她承認有，但還是說：「那也不應該對小孩發。」

我說：「父母也是平凡人，都是不完美的，會有情緒崩潰失控的時候。尤其是當灶上有火，洗衣機在呼嘯，電話鈴聲在響，小孩還在抱你腿的時候，你很難做到優雅溫柔、平和冷靜的。你就希望小孩趕緊放開你的腿，好讓你先把爐火關掉，你讓我『溫柔而堅定』不可能的。」

我曾經在對小年發過脾氣之後，向她解釋說：「我是人，一定會有脾氣，脾氣總要有個出口。有時候，是你離我太近，你擋在情緒的出口上了，你得忍。因為，你也是人，你也會有脾氣，你不高興的時候，也會對我哇哇大哭，然後發脾氣，但我也忍了。」

母親和孩子是地球上距離最近的兩個人，摩擦不可避免，雙方都沒必要自責和委屈。

除了媽媽的情緒問題，我也要專門說一下體罰問題。體罰最大的問題是它非常容易被濫用。對於孩子來說，父母或者老師是有絕對權力的。父母只要打著「管教孩子」的名義，就可以對孩子為所欲為，其他人頂多只能勸他「不要體罰」。但事實上，這可能是赤裸裸的暴力。

我見過很多受過家暴的女孩子，她們都花了很長時間才從陰影中走出來。我有位朋友，她是農家女，家裡姐妹多，父親無用，母親雖然能幹但脾氣暴躁，父母二人動不動對孩子們拳打腳踢。艱難之家，物質財產是有限的，親情也是有限的。

雖然姐姐們後來幫她支付了一部分的大學學費，但有時候急了也會上手打她，因此，朋友很怕她的姐姐們。

每次挨打時，她總是想把自己藏在角落裡，根本不想讓任何人看到自己的存在。在這樣的環境中成長，她漸漸習慣了，在任何時候、任何地方，她都是個影子，不顯山不露水。

她上了班，工作很體面，結婚後，也算是找了個好人家。老公十分厚道，公婆也幫忙做家事帶孫子。可是不知道為什麼，她對旁人總有怕的感覺。究根溯源，她始終是那個躲在角落裡的小孩，怕一切成年人，但老公除外。

只有對老公，她急了會嚷嚷。她一嚷，老公就不說話，她就更急，又哭又鬧的。加上她沒有要好的朋友，與娘家人也很少來往，她覺得自己能依靠的人只有老公一個，但老公為什麼不懂她呢？她真的著急。

突然間，老公提出離婚。老公說厭倦了她的吵鬧，每次她在家裡，當著公婆的面這麼吵，他都很怕傷了老人的心。朋友像天崩地裂一樣。於是，她被逼無奈，只好去找當時介紹他倆認識的人，讓外人和公婆說合。她也明明白白地知道，這些人每去和她的老公談一次話，她老公看她的眼神就會冷淡幾分。

她好像又回到了童年，又變成了那個被父母和姐姐們暴力對待的小女孩了。直到後來，她做了心理諮商之後，心理諮商師讓她理解了，她從小接受的，不是體罰，是暴力。

她一點點地檢視傷口，發現體罰是有規則的，比如講粗話的小孩就會被打幾下手板之類的，這和工作做不好要扣年終獎一樣，是種規矩。但她爸媽打她不是這樣，是沒有原因的、突如其來的懲罰。

她回憶，在她六七歲的時候，爸媽有一次生了非常大的氣，突然暴打她，她一直不知道為什麼。人家一般都不當著別人的面打孩子，她家恰恰相反，越在外面，父母打得越來勁。其他人越是阻攔，她爸媽打得越狠。這根本不是在管教孩子，而是父母把自己心裡的怒火，撒到孩子身上了。

我對朋友說：「你父母表現出來的所有憤怒其實都來自自己的無能。」她十分認可，並且慚愧地認識到，之前她對她老公那樣也是一種暴力。在暴力環境中長大的她，除了暴力之外，並不知道有第二種方式能表達情意，解決問題。好在她已經下定決心，要把自己從舊時陰影裡解放出來，先從不施加感情暴力開始。

孩子的需求值得被家長看見

愛一個人，愛到某種程度——我明知道你會恨我，但我還會一如既往這麼做。我不知道這是愛還是偏執。

我小時候有個同齡的鄰居，是個腦性麻痺的小孩，據說是因為難產，用產鉗夾出來的時候傷到了什麼地方（當時大家都沒什麼醫學常識，對自己不認識的疾病，多半只是猜測病因）。

在當時的觀念裡，一個身體動作不協調、站不起來、說話口齒不清的孩子相當於一個殘疾人，隨便養養就算了，但他的父母不這樣認為。當時沒有康復的概念，他們就按自己的理念給孩子做康復。孩子不會站，父母就拎著他站。媽媽拎累了，爸爸拎；爸爸拎累了，再換媽媽。孩子不會說話，他們就反覆帶著孩子說，一句話重複成百上千遍。

就這樣，這孩子慢慢地長大，也能上幼稚園和小學了。在小學裡，我們都怕他，他比我們高一個頭，有時候會突然做一些奇怪的動作，說話也說不清楚，想要什麼東西就直接搶，甚至一言不合就打人。我們都不和他玩。

有一天，發生了一件事，我放學回家，看到他媽媽在我家，笑著問我：「在學校裡高不高興呀？我們家孩子怎麼樣呀？平時你多和他玩玩。」那時我太小了，小學二三年級，大人這麼鄭重的態度讓我很害怕，我糊里糊塗答應了。

後來我才知道，他們兩口子走遍了全年級每個同學的家。其實沒大家想像中那麼艱難。因為我上的是大學附小，所有的家長都是同事，都生活在同一個大學校園裡，只要不怕辛苦，總是走得完的。唯一的問題就是，這所大學校園很大，占地七千餘畝。在有地鐵之後，從它的東門到西門，是三站路。

夏天，許多小朋友都去游泳，我看見這個孩子的爸媽帶著他，拼命地教他游泳，教他如何屏氣、沉浮。他學不會，父母一急就上手，孩子號啕大哭，嚇得我們都不敢靠近那片水域。冬天，學校要求長跑，他動作不協調，跑起來特別慢，他爸媽就和他一道跑，拉著他拽著他拖著他，吼著他罵著他打著他，最終是一家人一邊哭一邊跑完的。

辛苦養育的幼苗總是會開花結果的。這孩子後來上了大專，畢業後有了穩定職業，結婚生子。似乎一切都步入了正軌。另外，因為他父母當時顧慮他可能很難找到合適的工作，所以著力培養他的相關技能。從很早起，他們就開始培養他的攝影技能，多年來帶他去附近的山山水水間拍照。如今，他在攝影界已經小有名聲，都開過個人攝影展了。

這是一個美好結局嗎？並不。他長大後，怨恨父母在他小時候對他太過嚴厲。又因為妻子與公婆不合，他與父母斷絕了來往，父母很傷心。他還有個妹妹，因為父母全力教養殘疾的哥哥，只能將妹妹粗生粗養。妹妹學歷不高，後來又嫁到了很遠很遠的地方，但父母最終反倒去和妹妹生活在一起了。父子、母子、兄妹現在已經斷絕往來，妹妹和父母要想知道他的消息，只能利用網路聯繫。

他的父母錯了嗎？放到現在來看，也許可以批評他們為什麼不循序漸進，為什麼不了解殘疾兒童心理學，為什麼不能春風化雨？但四五十年前，整個社會都沒有身心障礙兒童康復的觀念，沒有相關醫院。這對父母其實還是占了在大學工作的便利，能在圖書館查到外國有關身心障礙兒童康復訓練的原文資料，但也都非常古老，並且來源難測，還可能是英文、法文、德文、俄文的。他們不知道要費多大勁，才能找到人幫他們翻譯出來。

他錯了嗎？他的那些童年時光一定是很黑暗的。這一點我感同身受，因為我自己也不喜歡運動，所以小時候爸媽強迫我運動的記憶都不太愉快。

而如果是你，你怎麼做？

我的建議就是，如果你覺得你是對的，就去做。只管做，不管收穫的是什麼。

另一個問題就是下意識的偏見。其實在多子女家庭中，下意識的偏心誰都無法避免。我認識一個小朋友，是雙胞胎中的老大。兩姐妹自出生起，姐姐就比妹妹塊頭大，說明姐姐從娘胎裡就有較強的吸收消化能力，出生後更是能吃能睡，身體倍棒，幾乎從不生病，又十分愛笑，人見人愛。妹妹則這個不吃，那個不喝，體弱多病，家人無數次抱著去醫院，折騰得身心俱疲。

到上學了，姐姐因為吃得好，當然體格好，聰明開朗，腦子也好，成績很不錯，所以上了名校。而妹妹經常請假去看病，成績跟不上，連體育課都要補考。

所以，如果你是雙胞胎姐妹的父母，你能不能做到不偏不倚？你是會喜歡優秀、省心的老大，還是憐惜弱小的老二？這取決於你的個性、經歷、人生觀。也許你會把更多的愛給老二，疏忽強健的老大；也許你會把更多的期許分給老大，而放棄多半會平庸的老二。當行走在時高時低的人生路上，如何才能一碗水端平？父母是人，確實會有這種不可控制的偏心。但如果習焉不察，會有大問題。

一天，多年老友上家聊天，她有兄有弟，是最不受歡迎的二女兒，家長裡短中難免有點不和諧。

她羨慕我們說：「從來沒見過像你們家姐妹這麼和諧的。」

我說：「這歸功於我爸媽的一視同仁，他們從來沒有用偏愛迫使我們不得不競爭，我們也從來不需要變得『更好更孝順』來換取更多的愛，甚至相反，我們往往認為自己獲得的特權是天經地義的。」

她又轉頭請教我媽：「您是怎麼做到一視同仁的？」

我媽說：「我和孩子他爸從周圍的人家那裡學來的呀。但凡是處不好兩邊親戚關係的夫妻，肯定打架；凡是孩子不孝順的，孩子爸媽也一定不是個玩意兒。這就是上梁不正下梁歪，所以我們早就商量好，錢都放在一個抽屜裡，我給我家寄錢，從裡面拿；他給他家寄錢，從裡面拿。小孩也一樣，三個孩子，至少蒸四個饅頭，你們都夠吃。就你爺爺，最偏愛你。」

我很高興：「對的對的，他帶我去男子澡堂。」雖然這聽起來很古怪，但確實是溫暖的童年往事。

而我媽又說：「長輩稍微偏心一點，也是應該的，但做父母的不能偏心，吃什麼穿什麼都不能偏心。」

朋友聽到這裡疑惑地問道：「阿姨，那您其實是有意識這麼做的嗎？」

我媽說：「那當然了。我們那個時代還流行看宋氏三姐妹的傳記，她們的爸爸一共生了六個小孩，也是盡量做到不偏心。我們看了很佩服。」

作為父母，隨時隨地地自我省察很重要，調整行為更是刻不容緩。

另外呢，如果你為教育孩子感到焦慮，覺得他們是熊孩子，那更要站在孩子的視角，看待孩子們的需求，這樣才能優雅地制伏熊孩子。

有時候孩子不是故意吵鬧耍賴。有一年，有位年輕朋友來找我玩，我讓小年叫她榴榴姐姐。榴榴姐姐當時還年輕，小年大概也就五六歲，榴榴姐姐帶著小年瘋玩瘋跑。下雨了，小年沒穿雨鞋，榴榴姐姐就背著小年玩水，小年在她背上樂瘋了。

中午榴榴姐姐在我家客房睡了一小覺，小年因為喜歡她，也跑去依偎著她，睡在旁邊。睡醒後她告訴我，她剛躺下快睡著的時候，小年就把她踢醒。她醒了，小年就咯咯笑。她又快睡著的時候，小年再次踢她。她心裡掠過一絲反感，覺得這孩子怎麼這麼煩？

突然間，榴榴姐姐講起自己的一樁童年舊事。榴榴姐姐有一個姨父（也許是姑父，記不清了）很會逗小孩，每次到她們家來，她都很開心。到最後，姨父走的時候，她把姨父的車鑰匙藏起來了，害得全家人上窮碧落下黃泉地找鑰匙。榴榴姐姐害怕了，說了藏鑰匙的地方。所有大人都嚴厲地斥責她，她媽媽甚至還動手打了她兩巴掌。大家都說她不識好歹，姨父這麼喜歡她，她還淘氣。她傷心極了，哭了很久，大家也沒原諒她，還在不住嘴地批評她。自打那次之後，榴榴姐姐就特別討厭姨父了，看到姨父來，就有點仇視。而此時此刻，時間、地點、人物全對了上，她明白了小年是希望這個姐姐可以繼續和自己玩。

小孩子的時間表與成人不同，當成人已經很累了，或者必須要走了，另一個成人是能看出來的，但小孩子是沒有這觀察能力的，孩子不知道你必須要走，她不知道你睏了，因為她只知道自己的感受。而且小孩子不懂如何提出自己的要求，或者說，小孩子也知道即使是提出一些要求，也一定會被大人拒絕。小孩子不知道下一步該怎麼做，於是就做出了這樣的事。

榴榴姐姐是好樣的，她為我拆解了她的溝通技巧。她張開眼睛對小年說：「小年，榴榴姐姐累了（表達情緒），很累很累了，累得玩不動了（強調情緒）。榴榴姐姐是大人，大人很容易累，沒辦法像小朋友一樣可以一直玩（說明必要性）。現在榴榴姐姐必須要睡了，不睡醒，待會兒就不能和你玩了（給出承諾）。我們一起睡好嗎？我摟著你睡（給出甜頭）。」小年愉快地點頭，像一頭小豬一樣睡著了。

我聽完榴榴姐姐的方法，驚了一下。此後，我就對小年說：「小年，你要什麼，你希望大人怎麼做，你就直接說出來。但是，你說出來的時候，要說出你的理由。如果大人不同意，你可以問問大人原因。大人都是很愛護小孩的，他們都會告訴你的。」

我也經常提醒自己，要做一個通情達理的大人，要懂得「熊孩子是每個人的必經之路」。並且，大人都有拖延症，孩子也不是故意磨蹭。

我第一次實實在在地意識到何謂「沒有時間觀念」是在一個兒童遊樂場，有兩個大概五六歲的小孩在玩。

其中一個媽媽喊道：「回家了。」

孩子堅定地說：「不。」

媽媽只好退讓說：「再玩兩分鐘。」

孩子說：「不，我要玩一百個兩分鐘。」

說完之後，孩子驚訝地放下手中玩具，掰起手指算：「一百個兩分鐘，是要到明年，還是明天呢？」

看他皺起眉來認真地思考，他的媽媽趕緊說：「好，我們玩兩個兩分鐘就好了。」這一次，孩子痛快地答應了，附近的家長都忍不住笑。一百個兩分鐘，對五六歲的孩子來說，是太大的數目了。

可能每個媽媽都見過——孩子磨磨蹭蹭地穿衣服，慢吞吞地攤開T恤，遲緩地分辨著衣服的正反面，再以慢動作把它套過頭頂，有氣無力地往下拉。難道你不會覺得孩子是不夠清醒的嗎？他是不是在做夢，為何他的表情恍恍惚惚，為何他的動作像放慢了十幾倍的電影慢鏡頭……

原來我看過一個說法，說媽媽喜歡說「快快」，這是內心焦慮的表示。我得說不是這樣的，媽媽們只是在喊密碼，想把夢遊者從夢中喚醒。但是，媽媽們在生氣之前，一定要相信孩子們不是故意的。

你所失去的與得到的

養育孩子是一場不能終止的修行，永無退場的機會。當了媽媽後，不能說走就走了，失去了隨時變道的權利。一旦開始，就要堅持到底。在一生所有的決定裡，應該用最嚴肅的態度對待養育孩子這件事，因為它不可撤銷、不可修改。

遇人不淑，可以離婚；大學選錯專業，畢業後可以轉行；不喜歡的城市，可以用一張機票逃離。即使是過了四十歲，人生也可以重新開始，隨時洗牌重來。只有孩子，從他出生那一刻，就已經成為一個獨立的個體，你需負有漫長的責任。當你有了孩子，你會突然發現，你的生活重心，不再僅僅圍繞著你一個人展開。

你想在職場上衝殺？你得先找到人幫你帶孩子。你想重返校園？你得先找到人幫你帶孩子。有一種說法是：生了孩子的女人，都不會後悔。我想真相是：生了孩子的女人，不再有「後悔的權利」。既然如此，不如做個過河卒子，奮勇向前！

每一次新的狀態都會帶來一種新的孤獨。你會脫離原來未育的群體，而已育女性的身分對你帶來的痛楚又難以言表，這會讓你感到受傷。當你為孩子的健康焦慮，對自己的職業發展感到迷茫時，你該怎麼處理情緒起落？

你成為母親後有很多新鮮的體驗，因此獲得了心理上的無助感以及成長感，卻失去了年少的勇氣與不羈。年少的你，由於缺乏安全意識，也許會在車水馬龍的街道上肆意穿梭。但此刻，你怕了，你停下來，牢牢抓住那隻小手：「乖，我們走斑馬線。」小手軟軟的，無限依賴地待在你的手心。

之前的你，也許認為所謂的死亡不就是人生的遊戲結束、再試一局嗎？你滿不在乎。但此刻，你在自動取報告機上橫一次豎一次地掃碼，心裡盤算著醫生不是說一個小時出樣嗎？這都一個半小時了。你又想起剛剛醫生說，如果是特別複雜的病例，出樣就會比較慢。那一刻，即使是在醫院那麼嘈雜的環境下，你也清晰地聽見一聲聲驚雷，那是你的心跳聲。

成為母親，雖然失去了很多，但也會讓你更有擔當。做了媽媽，你會更加迷惘，你也不能確定該選哪條道路，但你還是會左看右看，借助手機地圖，問問過往大媽，確定方向。如果錯了怎麼辦？你承擔這錯就是了。

愛，也讓人有擔當。雖然在每一個與孩子有關的文件上簽字之後，你都會出大量手汗，儘管你很想放棄，真的很想有一個更權威的人接過你的筆，替你做主。好也是那人，壞也是那人，你真的害怕自己負不起責，但最後，你還是自己簽字了。

不想讓你愛的人知道日子有多苦澀，你就得自己咽下。不想讓你愛的人聽你的哭泣，你就要忍住所有的壞情緒。愛是最孤獨的事，也授人以權柄。

你是王座上的國王，戰還是和，投降還是抵抗？你得自己決定，自己承擔。

愛，總讓人勇敢，雖然有時候，也會戰戰兢兢。據說，有些人寧願被安排好，這樣省心省事。那是因為他們不夠愛自己，更遑論愛別人。

作為一個母親，當你開始有擔當，能夠為你的孩子安排未來時，這就是成長。而你不知道自己會變得有多好。

我有位朋友，不過四十歲出頭，已經是一流大學的副教授了。她說：「我母親生完孩子在產房時的經歷，改變了她，改變了整個家族的命運。」

她母親閨名裡有個「蘭」字。蘭是二十世紀五〇年代生人，由於時代所限，小學沒上幾年，稀里糊塗地混到初中畢業，隨後下了鄉，在農村待了幾年，隨著返校政策進了工廠，當了一名女工。接下來，蘭很自然地相親、戀愛、結婚、懷孕，完成了千百年來女人的流水線作業。

蘭生產的那天，丈夫推著自行車載著她去醫院，蘭在後座疼得快要坐不住了。到了醫院，她掙扎著從後座下來。一輛小轎車從她身邊掠過停下，車門打開，一位產婦出來了。

到了產科，沒有病床，只能睡走廊。丈夫心疼妻子，就去問醫生能不能空出一張床。醫生說：「有個產婦在你們之前住的院。」蘭想一定就是那位「小轎車產婦」，蘭誰也不怪，只怪自己晚人家一步。

蘭運氣很好，生完後，當天下午就有了空床，蘭就從走廊挪到病房裡。裡頭都是剛剛生完孩子的產婦，大家躺著嘰嘰喳喳地聊天。正好蘭旁邊那床的人生了個兒子，比她早生幾分鐘。兩個產婦就開心地約定將來做兒女親家，接著還互相問起彼此是做什麼工作的。

蘭一問，人家驕傲地說是大學老師。人家回問蘭，蘭猶豫了一下，說了工廠的名字，人家立刻不作聲了。直到出院，她們二人沒有再交談過。蘭聽得懂這沉默裡的全部意思：工人家的小孩，怎麼可能跟書香門第結親？

這件事刺激了蘭，她沒出月子，就報考了電大（國家開放大學），一邊給女兒餵奶一邊啃書。當時還沒開始計劃生育，但風聲已經出來了，組織已經鼓勵女性最好只生一胎。而蘭的丈夫、婆婆都催她趕緊生個兒子，害怕再不生國家就不讓生了。蘭一聲也不吭，她不想再坐在自行車後座上去醫院，她不想她的孩子晚人一步，也不想她的孩子一生被人嫌棄。

婆婆非常反對她在哺乳期看書，說會得月子病。蘭的母親身體不太好，不怎麼能幫她帶孩子，蘭只好一個人帶孩子。蘭說自己在洗尿布的時候還在背單詞、背公式，背得眼花繚亂，背得眼睜睜地看著泛黃的尿布上寫滿了筆記。

就這樣，蘭拿到了電大文憑，又在改革開放後下海，去南方淘些便宜的飾品回來賣。蘭賺到的錢，不捨得吃，不捨得穿，全用在女兒的教育上。我的朋友永遠記得，當她五歲時，一架巨大的鋼琴被抬進家，整個家屬樓都被驚動了。

鄰居們都出來看洋相，都在嘲笑這不自量力的一家人：「母女倆知不知道自己是什麼？還想雞窩裡飛出金鳳凰呀。」而讓鄰居們瞠目結舌的是，我的朋友，在二十世紀九〇年代，留學還不是那麼普遍的時候，就出國留學了。這真是雞窩裡飛出了金鳳凰。

當女兒用一句套話——「為母則強」來讚美母親時，已經是公司老總的母親總會笑起來：「什麼為母則強？三娘娘和王阿姨不都是母親？不都在打麻將？強是要靠自己拼出來的。」媽媽們塑造的不光是孩子的肉身，還要豐富孩子的精神世界。

我的女兒名叫小年，我大姐的女兒名叫小滿，都是以出生時間命名的。我大姐告訴我，在小滿出生之前，她反反覆覆地在想要讓孩子成為一個什麼樣的人。

「什麼樣的人」到底是指什麼呢？難道就是小時候在作文課上，寫《我的志願》時提到的那些職業嗎？比如，宇航員、科學家、員警……這些名頭何其遙遠，像是看板上的棉花糖，粉紅而輕。而母親懷裡的，是個沉甸甸的嬰兒。

最後她換了一個問法：「要不要讓孩子成為自己這樣的人？」像大部分生來謙遜的中國女子一樣，她第一個想到的就是自己的缺點——不愛看書學習。所以，我大姐先定了個小目標，讓小滿做一個愛看書學習的孩子。

三歲，小滿媽媽第一次牽著小滿進書店，小滿在書架間跌跌撞撞地走了幾步，發現書不能啃，也不能拿在手裡打人家的頭，很快失去了興趣，掉頭就要往書店外走，但被小滿媽媽一把揪走。在此期間，小滿還一直不甘心地指著外面的零食店。

小滿媽媽想起一位前輩教過她的一句話：「教小孩就像教小狗。」小狗喜歡什麼？喜歡吃。沒錯，小滿完全繼承我家的基因，從小就對吃興味盎然。

我記得小滿一歲多一點的時候，在學步車上摔了一大跤，牙齒都磕出了血，正哇哇大哭。我們趕緊往她手裡塞了一枚旺仔小饅頭，這簡直像按了個開關，哭聲立止，她臉上還掛著淚花、血漬和地上的塵灰，但好像完全忘了痛，只顧著一個勁兒往嘴裡塞小饅頭。

兩歲多，我忘了小滿是第一次吃到霜淇淋還是巧克力，美味像重錘一般，直擊她的心底。她感動得雙目圓睜，無以表達，竟然嗚嗚哭起來：「世界上還有這麼好吃的東西呀。」她從靈魂到肉體都受到了洗滌，就跟去了趟西藏一樣。

於是這一刻，大姐彎下腰去，對小滿說：「你在這裡看一個小時的書，我就帶你去吃好吃的。」這個諾言就像巴夫洛夫的鈴聲一樣有效，小滿立刻眉開眼笑，乖乖地去看書了。如果是真的小狗，聽得懂話，只怕就得搖頭擺尾了。

當時才是二十一世紀初，書店還是賣書的地方，沒有現在這樣的閱讀區。書架不能坐不能靠，小傢伙倒是不介意坐在地上看書，但是她媽介意。最後，我大姐背靠著牆，一膝跪地，一膝蹲立，用自己的腿給小滿當座位。小滿坐在她單膝上，像小雀兒賴在滿是草香的鳥巢裡，靜靜地翻開她人生中的第一本書。

小滿媽媽蹲累了便換個膝蓋，又累了，再換。小滿漸漸看書著了迷，任她媽把她顛過來倒過去，全無知覺，也沒聽見她媽媽每一次調換時，都會發出的長長呻吟。

小滿終究還是坐不住了，不到半個小時就鬧著要吃東西。大姐歎口氣，屈服了。小滿書也看過了，肚子也被填飽了，精神食糧和物質食糧雙豐收的小滿，開心得不得了。第二週，小滿主動說：「媽媽，我們去書店吧，看完了去吃好吃的。」大姐說，這句話她印象特別深，因為太高興了。

從此，母女倆每週必去書店。開始是一個小時，後來小滿閱讀的時間越來越長，分量也與日俱增。直到小滿上小學，各種補習班越來越多，這件事才漸漸停止。而讓大姐欣慰的是，小滿真的如她所願，成了一個愛看書學習的孩子。

老實說，我大姐也不知道這舉措是對是錯。好處是小滿成績優異，目前就讀於美國哥倫比亞大學；壞處是撐開的胃口不容易縮回去，小滿十幾歲就得考慮減肥這件事，又嘴饞，只得在跑步機上揮汗如雨了。

而對我大姐來說，她在好幾年前膝蓋就開始不太行了。針灸、拔火罐、吃維骨力也成了她的家常便飯，但是她一點也不後悔。

她的膝頭，曾經承托過一個孩子的未來呀。

如托泰山。

這家中還有一個小孩，是你自己
—— CHAPTER 4

5
Chapter

他是孩子的爸爸

很多男人不知道，他們如果不付出愛，也就得不到孩子的愛。這是他們一生中從未有過的體驗。在這之前，他們一直被愛包圍著，而這僅僅是因為他們扮演著「孫子」、「兒子」、「丈夫」的角色，長輩、妻子會自然而然地愛他們，這些角色意味著他們可以什麼都不做，只要有這個身分就可以獲得無條件的愛了。

而愛，是個動詞，是抱，是餵奶，是擦屁股，是哄睡，是拍嗝。愛既不在腦子裡，也不在心上，更不在嘴上，而是在我們的雙手中。不信的話，你可以問問你自己，你愛你的父親嗎？孝順他或許是你的責任，但你愛他嗎？如果你愛，為什麼？如果你不愛，為什麼？

當父親就像當領導

我的原生家庭、我周圍的幸福家庭，都具備一種「幸福模式」，就是父母會把這個家當作一個整體來考慮和打算，認真生活，用實際行動一點點建設家庭。而在這種模式下，有時候父親會像一位產品經理或者廠長。

我自己的父母白手起家，合力把倉庫改造成一個家，什麼事都一起來。母親編毛衣，父親打傢俱；母親洗衣服，父親挖地窨儲藏大白菜。我母親更安於生活，我父親卻比較愛動腦筋；她監督我們學習，他卻一個一個思索我們大學要學的專業，最後老大學的是金融，老二學醫，老三，也就是我，學的是工科。我父親對這樣的安排很滿意，覺得面面俱到，孩子能在各個方面發展，避免一損俱損。日常生活中，就是父親帶我們去游泳，等我們到家，母親已經做好一桌飯菜等著游累了的我們。

我的鄰居是從小縣城考出來的，一路念到博士，夫妻二人是同學。此後，妻子進入了大學，丈夫則去了企業。工作幾年後，他們終於咬咬牙搶在房價大漲前買了房子，然後一起還房貸，一起帶孩子。他們與我父母的帶孩子方式很接近，分工合作。

爸爸會更上心孩子上什麼學，幾年級學奧數，送孩子去各種培優班，媽媽則帶孩子去按摩，預防近視眼（這可能是無效的，珍貴的是用心）。我送孩子一本我的童書，父母就安排孩子手寫了一封回信給我，這也是教育的一部分。

我認識他們十多年了，目睹了他們為孩子做的一切。最初，妻子去海外做訪問學者時，丈夫帶上了孩子一起隨行，他心甘情願地在美國當初階工程師。若干年後，丈夫已經做到大公司的總裁，但為了給孩子提供更好的教育資源，他辭了職，進入一所大學下屬的公司。雖然收入不高，但大學的附小、附中，在全國能排在前十名之內。孩子在這所學校裡，成績果然很好。有時，夫妻倆會計算此舉少賺了多少錢，但轉念一想，覺得為了孩子都是值得的。做人不要看小節，要看全域。我聽後為之一震。

人有時候是要在上位的，才能有全域觀念，才能成長。

而對一個男人來說，做父親是這難得的「領導機會」。
他認真對待的一切，會給他認真的回報。
時間、精力、金錢，應該用在最珍貴的人與事上。
儒家說，修身、齊家、治國、平天下。這個「齊」字多麼精妙。讓一個家齊齊整整才是每一位投身婚姻的人應盡的責任。

孩子的未來掌握在誰的手中

有朋友認為，養育孩子這件事，當然是媽媽起作用，爸爸的意義不大。朋友舉了實例：A的爸爸就是上班下班，不管家，也不管小孩，但A媽很能幹，教育孩子十分上心，所以，A上一流大學，之後定居美國。

B的爸爸不管孩子，媽媽也不管孩子，B連高中都沒考上。因為A家和B家區別就在媽媽上，所以朋友認為影響孩子成長和家庭和諧的諸多因素中，媽媽最重要，爸爸有沒有就那麼回事。

我立刻舉了C家為例，C的爸媽皆事業有成，而且極其注重培養孩子，C更是一路優秀，一直是「別人家的孩子」。A與B如果攤上C爸會怎麼樣呢？A和B家都是喪偶式育兒，或者是更糟的詐屍式育兒。

喪偶式育兒人人理解，但其實「詐屍式育兒」更糟，詐屍式育兒指的是，配偶長期裝死，關鍵時候會跳出來唱反調。比如，父親從不管孩子學習。媽媽正苦口婆心教育孩子，父親在旁邊說一句：「學什麼學，快樂童年最重要。」媽媽前面說的幾萬字的效果立刻付諸東流。再比如，有些爸爸永遠不主張、不陪伴、不反對孩子學鋼琴，但孩子一練琴，不是把電視聲音開得太大，就是說一句：「一個班幾十個人學鋼琴，有用嗎？」兩盆冷水澆下來，媽媽和孩子的天靈蓋像是被瞬間劈成四片。就像一個單位裡，那種外行主管，時刻要刷一下存在感，看的總管做事的，證明他比你更高瞻遠矚。想想看，還不如喪偶呢……

而事實上，父親的存在對孩子的成長是極有意義的。如果要問誰對一個人的成才最重要，是父親還是母親，不如先來看看下面幾個孩子的成長經歷，或許就能找到答案。

詹天佑為何能在十二歲留學美國？因為他父親的朋友看到他有才華，把女兒許配給他，說服他的父母送他報名考試，讓他幼年留洋。

達文西的繪畫創作生涯是如何開啟的？他的父母從未正式結婚，五歲之前他在母親身邊生活，五歲之後才被送到父親身邊。達文西的父親不僅是個律師，還是個大地主。父親有一些擁有藝術素養的朋友，這些朋友一致認為應該送達文西去佛羅倫斯學畫畫。

莫札特、貝多芬為什麼能成為偉大的音樂家？因為他們家世世代代都做這個，他們的父親都是音樂家。

琦君為什麼能得到讀大學的機會？因為她被身為將軍的大伯父收養，大伯父身邊的幕僚說：「讀大學、學英語，是現代大家閨秀的標配。」

高斯為什麼能成為數學家？高斯的家人不知道學問有什麼用，也不知道數學是什麼。他父母擔心費油，所以從來不允許他晚上看書，但高斯七歲就發明了「高斯定理」。這件事引起了老師的注意，老師意識到他有非凡的天賦，便寫信給領地上的公爵夫人，請夫人出資栽培一位天才，夫人也同意了。

看，一個孩子如果想要在某個領域中取得卓越的成就，就需要這幾樣基本條件：第一，有一個伯樂能夠看到孩子的才華；第二，有一個投資者有足夠的金錢或者其他資源成就這孩子，比如送孩子上學，或者親自教導孩子；第三，伯樂和投資者最好是同一個人，不然的話，伯樂還需要說服投資人做最後的決定。

回到前文提出的問題，母親重要還是父親更重要？答案就是那個最有學識、最有資源（知識、財富或平臺）的人最重要。當然了，他或者她，首先得是個好人、正派人，因為教孩子最重要的是教他們做人。

不愛孩子的人，得不到孩子的愛

朋友向我訴說老公自私冷淡，連孩子都不願意愛，陪孩子玩一會兒就嫌煩。結論是老公不需要愛，他只需要他的工作。我在想這是真的嗎？父母不愛孩子，孩子一定也不愛父母。如果沒給孩子餵奶、洗澡、送孩子去幼稚園，孩子自然對父母不會有深厚的依戀。而當孩子尚且年幼時，孩子的不愛，已經是讓人痛楚的拒絕。何況當孩子漸漸長大後，那時的不愛，會更讓父母心煩意亂。對很多男人來說，可能問題就在這裡。

很多男人並不知道，他們如果不付出愛，也就得不到孩子的愛。這是他們一生中從未有過的體驗。在這之前，他們一直被愛包圍著，而這僅僅是因為他們扮演著「孫子」、「兒子」、「丈夫」的角色，長輩、妻子會自然而然地愛他們，這些角色意味著他們可以什麼都不做，只要有這個身分就可以獲得無條件的愛了。

所以，父親最開始面對這個會哭、會叫、不認識他的嬰兒，他們會很煩。好吃懶做是人的天性，亞洲家庭對男人不做家事較為寬容，有時候一懶就賴過去了。即使他們在心裡是愛孩子的，但他們真的不願意給孩子換尿布。

父親沒有和孩子朝夕相處，孩子對父親的態度自然也不如對母親。他們錯過了最開始的絕佳機會，每一次靠近孩子，想陪伴孩子的時候，得到的都是孩子們或多或少的拒絕。有時候，家裡沒有別的人可以依靠時，孩子不得不找他們，他們就心不在焉地陪孩子，一會兒玩手機，一會兒打電話。孩子們是可以看出來親爸的心並不在自己身上的。

錯過，就是這麼一點一點積累的。

可是，人都是會老的，當父母已經不在人世，妻子也沒有包容他們的精力時，他們才會意識到，一個人晚年最大的愛，就是來自兒女。他們開始張皇失措，但已經太晚了。他們想補償，想陪伴孩子時，孩子即使理智上要，情感上也要，但是潛意識裡也是不要的。他們這一生多半沒有機會重建與孩子的信任和緊密聯繫了。

有些男人，會有暮年再要一個孩子的想法，我見過其中有些男人神奇地變成了好父親，我想他們是懂了吧。

作為父親非得全心全意地去愛這個不愛你的孩子，非得挨過一段黑暗日子，才能得到孩子的愛。

愛不是孝順，不是尊敬。

愛是原諒，是懂得，是願意與你抱滿懷，是希望自己留在孩子的心裡。

所以，我鼓勵所有父親都參與育兒。不是為了家庭責任，不是為了分擔妻子的重擔，而是為了你們自己。

想得到孩子的愛，首先必須去愛孩子。

而愛，是個動詞，是抱，是餵奶，是擦屁股，是哄睡，是拍嗝。

愛既不在腦子裡，也不在心上，更不在嘴上，而是在我們的雙手中。

不信的話，你可以問問你自己，你愛你的父親嗎？

孝順他或許是你的責任，但你愛他嗎？

如果你愛，為什麼？

如果你不愛，為什麼？

人類高品質男性的模樣

朋友問我：「為什麼大家彷彿都覺得母親最重要？經常看到強勢母親的壞處，為什麼沒人說強勢父親的壞處？」

我想了很久，回答她：「兒女也經常抱怨沒有得到過母親的愛。答案是因為在傳統文化裡，默認父親是惡的。強勢、自私、冷漠……都是父親的應有之義，就不用另外討論了。」、「寧跟討飯的娘，不跟做官的爹」、「有了繼母，就有繼父」，這一切都直接指向「父親在家庭裡是冷漠的、無用的、不關心子女的」。看近代人的回憶錄，父親遠遊在外，仕宦在外，三妻四妾都是很常出現的描述。總之，已經完全認為父親不是「不在場」，就是「惡」的。而看今人回憶錄，比如大院子弟，看他們描述小時候如何挨打，場面簡直觸目驚心。傅雷多次暴打傅聰，郭小川會對兒女拳打腳踢，王朔說他父親打他一直打到打不動為止……

那麼，如果一個家庭裡，父親是冷漠、暴力、無愛、自私的，這已是定量；相對而言，母親是否溫柔講理還有可能是個變數。父親的壞，就像天要下雨，你不能改變也無法左右。而你是否會淋濕，當然只取決於「母親是不是你的傘」。這已經是很可怕的一件事了，最可怕的是，很多在這樣的家庭長大的孩子，他們往往控訴的、指責的也都還是母親：「為什麼父親打我的時候，你沒有保護我？」為什麼他們不去指責控訴父親：「你為什麼要打我？」因為連他們也接受了這種觀點，在心底默認為父親的壞是天經地義的。

我完全不否認有好父親的存在，我只是提出我的一些想法，分析我看到的一些現象。而如果我們不改變這種「父親的惡是天經地義」的想法，家庭關係很難進步。

在全社會的眼裡，帶孩子的人都是媽媽，而父親是可以不存在的，就是惡的。這種觀念本身就是不對的。大家都是人，憑什麼父親就可以不存在，就可以被默認為惡呢？為什麼不鼓勵父親多參加育兒，多溫柔育兒呢？因此，更加要讓爸爸來帶孩子，以消除這一偏見。

有一個網友給我發來這樣的私訊。

我產後四十二天帶著寶寶去做檢查。醫院人很多，且科室在不同樓層，所以我和老公兵分兩路。我自己去產科，他帶著寶寶去兒科。但很快老公就叫我過去，原因是醫生有話要交代給媽媽。我就很奇怪，育兒注意事項交代給爸爸不也一樣嗎？去到兒科醫生那裡，那位男醫生就問我：「在家是誰照顧寶寶比較多？」

我說：「是爸爸。」

醫生就有點驚訝，然後對我說：「以後你當媽媽的，要多照顧點小孩，爸爸是要上班的。」我就說：「我也要上班啊。」

那醫生被我回得沒話說，就叫我過去坐著聽他的醫囑，又特意喊了我老公一下，說：「既然爸爸要照顧孩子，那也得來聽一聽。」

這件事看起來有點雞毛蒜皮，主要是這位兒科醫生一直強調「應該是由媽媽照顧孩子」，讓我覺得很不對勁。為什麼照顧寶寶好像是媽媽的天職一樣，爸爸卻可以被摒除在外呢？寶寶明明是兩個人的，兩個人的照顧義務應該是對等的。可能這個醫生見多了甩手掌櫃式的爸爸，或者覺得爸爸對照顧孩子沒那麼上心。

我覺得首先不要批評醫生。雖然這是偏見，但偏見往往來自生活。醫生為何有這樣的偏見呢？因為兒科醫生一天至少見一百個孩子，大都是由媽媽、奶奶、外婆帶去的，一天能見到一次爸爸都不錯了。雖然我自己帶小孩去醫院的次數不多，但基本上也是這樣的比例，爸爸的出現率很低。

其次，我們應該相信絕大多數男人是在工作，在勤勤懇懇地為家庭奉獻，但也確實有少部分很懶惰，他們在玩手機，在和朋友娛樂。這種男人在孩子不舒服的時候，還能穩如泰山，坐著玩遊戲；在家人最需要的時候，只覺得嫌棄厭煩，本質上他們是不愛家人的。

老婆，人家都有，他也得有，這是為了證明他的魅力及社會地位。

反正妻子生養孩子一切全包，別妨礙他玩遊戲就行，這也是他男性健康的證明，將來還有人贍養他。

但愛，愛是什麼？他只嫌「孩子降低了他的生活品質」，他覺得四海八荒之內，他最值得活下去。

家庭裡的「癌症」，不是外遇，不是婆媳矛盾，而是男人的懶惰。那理想中的男人該是什麼模樣呢？

女友敏慧說：「一生中最羞恥的時候，就是萬不得已，必須差遣丈夫做事的時候。」平時丈夫不是懶得做，就是不想做。所以敏慧從一開始就做好了被拒絕、被刁難、接受惡言惡語的準備。丈夫如果實在不能不做，就往壞裡做。抹桌還要碰翻油瓶，抹得滿桌油汙，接孩子能把孩子忘在地鐵站，還有一堆理由，經典名言是：「我不給人添麻煩，你也別給我添麻煩。」或者是「讓我靜靜」。總之就是要讓敏慧覺得讓他做事太難了，敏慧要低聲下氣，要忍受冷臉，要一千次忍住殺了他的念頭，要費盡唇舌，最後當自己被訓練得足夠強大，一切可以自己來的時候，他就可以徹徹底底、舒舒服服地玩手機了。

我還什麼也沒說，敏慧已經看出我想說什麼了，她輕輕說道：「我們有房貸，還有孩子。」有任何方式改變嗎？完全沒有。要比懶嗎？丈夫可以在垃圾堆裡睡一個月而若無其事。但丈夫若生了蚤子，一定會傳染給敏慧與小孩的。不給丈夫做飯嗎？他會自己打電話叫外賣，愉快地吃完後，留一堆垃圾給她清理。這些細枝末節，令人更加走投無路，到底該怎麼辦？

我對敏慧說：「你一定要讓丈夫做，做到這些家務事『內化』，做到他習慣，做到他從中發現了勞動的樂趣，做到讓他明白『小事不做，何談大事』的道理，這是他和孩子共同成長的機會。否則，他始終會是懶惰的父親，是家裡的廢物。現在是你的負擔，老了是孩子的負擔。」

如果說男人至死是少年，那他就必須接受家人對少年的管教與約束。「男人不適合做家事」是一個假命題。我有一個朋友，做殘疾人培智與康復工作，他們機構的理念就是要讓殘疾人生活能夠自理。經過實踐，他們發現只要智商超過七十的殘疾人，都能被教會做基本家事。而你丈夫的智商，難道不足七十嗎？

我還有一個故事。老太太病了，每天需要去打針。家裡只剩下老先生一個人，他一輩子沒做過家事，現在居然要自己做飯。老先生有一肚子意見，罵罵咧咧，覺得自己有兒有女，還是白搭。但兒女也有兒女的事情，實在不可能全天候地伺候他老人家，兒女忍不住和老父親談心。老父親說：「我也不是不心疼你媽，但是吧，我就是鬧心。」鬧心和委屈都是同一種情緒，都是向親人鬧脾氣撒嬌，但撒嬌這件事，三歲的人撒嬌是可愛，三十歲的人撒嬌是可笑，六十歲的人撒嬌就是可怕了。你不讓三十歲的他克服，他到六十歲都是禍患。

「傳統男人是不做家事的」、「男主外，女主內」，我認為這類想法是誤解。我小時候，還需要買蜂窩煤，一板車一板車地往回拉。這種家事，但凡在稍微正常的家庭中，都是由男人完成。然後呢，買成百上千斤的大白菜，不更需要男人完成嗎？後來改成燒煤氣，把煤氣罐搬回家這事，總是男人的活吧？更不用說，在東北，家家都要挖地窖囤紅薯，無一例外都是男人的活。我這還是城裡的生活經驗，農村生活更是如此，劈柴、打井、挑水、蓋房……哪個不是男人幹的？在這種基礎上，男人只是不幹「做飯掃地」這種輕家事活而已，但有的是體力勞動讓他承擔。

正常現代家庭已經幾乎沒有重體力的家事活給男人做了。維修水電暖，可以叫物業；買菜，外賣小哥送到家。所以，如果男人不參與輕家事活，就真的什麼也不用做了，而這是萬萬不行的。懶惰是萬惡之源。人一懶，就生事。為什麼好多男人會身陷黃賭毒？都是因為閒來無事，有些男性在家裡雙手插在褲兜裡，整日遊手好閒，當一身精力無從釋放時，可不就釋放到不該去的地方了？

所以，當你還年輕時，盡量挑選那愛孩子、勤快善良的男人。這種男人是存在的。

小年還不到一歲的時候，我天天用嬰兒車推著她滿世界逛。有一天稍微逛出了熟悉的生活區，前面有座天橋，我就推著車上去了。到橋上，我傻眼了，那邊沒有斜坡只有台階。下去之後，有條遠遠的路我可以繞回家，但問題是我怎麼下去？

我無法把小年連著嬰兒車一道抱下去。我思考了一下，可以先把小年抱下去，但然後呢？她還不會站，我難道把她放在地上，回頭來拿嬰兒車嗎？先抱嬰兒車也一樣，我也不能把小年擱天橋上呀。我站在那裡發呆，深刻地意識到何謂無助。身邊一個小夥子匆匆跑過，我還沒來得及開口喊，他已經下了一半樓梯，突然，他站住了。他回頭看我一眼，問我：「你是要下去嗎？」我趕緊點頭，說：「是的，先生，請您……」沒等我說完，他已經三步兩步衝上來：「你把小孩抱起來。」我把小年抱在懷裡，他端起嬰兒車，幾步就衝了下去，在台階下等。我抱著小年，一步一步地下台階。他不耐煩了，對我說：「你自己可以吧？我趕時間。」看我點了頭，他就大步流星地走遠了，他應該是真有事，跑得很快。

很多年了，我一直跟小年講這個叔叔的故事。我想要讓她知道，如果將來要戀愛結婚，就要找像這個叔叔這樣的男人。

小年上小學的時候，我每週五都去學校接她，之後一起乘地鐵回家。學校已經考慮過學生放學對周圍交通的壓力，所以錯峰放學，一次三個年級。但三個年級也有一千五百個學生，還要加上不止一千五百個家長，其中很多還是爺爺奶奶、外公外婆。老的老、小的小，學生和家長浩浩蕩蕩過馬路的場景，尤為壯觀。

搭地鐵的學生不多，只有十分之一，但當三百人同時擁入一班地鐵，並且年級不同，穿著不同顏色的校服時，那場面仍然是很壯觀的。地鐵進站，小孩大團大團地衝上去，有座位就坐，沒座位就在車廂裡靠著箱子站著，有的跪在地上，拿地鐵座位當寫字板開始寫作業，有的開始背單詞聽英語。

孩子們不是有意要打擾人，而是他們確實沒意識到別人的存在。大人會有當其他人經過時要讓路的概念，小孩是沒有的，你從他身邊硬擠過去，他都不知道。我沒有見過新聞裡那麼跋扈的家長，會強行讓別人讓座。恰恰相反，我遇到的家長都很客氣，為小孩的沒禮貌向其他人表示歉意。小同學們要擠著坐，家長們就在旁邊站成一圈。有老爺爺住得遠，就自己扛著小折凳坐在一邊。遇到年輕人給他們讓座，他們都拒絕：「我正好鍛鍊。」然後他們會強行把年輕人按回座位。

這樣的事多了，再上地鐵，我便發現有年輕的小哥哥，一看到有大批小孩衝上來，就默默地背著包起身走了，什麼也不說，不看任何人，就像要下車一樣。其實他們沒有下車，他們是走到隔壁車廂站著。小哥哥們不會說漂亮話，只是用行動表示，他們不是與老人小孩爭座位的人，唯有如此，那些老者才肯安然坐下。

總之，他們在我心目中，就有男人該有的樣子，大概就是：扶老攜幼、憐老惜貧。雙手很強壯，照顧婦孺；雙腿很有力，為需要的人奔走。

當丈夫為人之父

疫情期間，一對武漢的小夫妻，他們的嬰兒深夜發起燒來。雖然親戚告訴他們，這是嬰兒急症，不用著急，但初為人父人母的他們忍不住著急。當時生病可以找社區出車，其實社區也沒有車，一般都是志願者的私家車。將他們送去醫院之後，志願者就回家了。所以他們看完病後，無車可坐，既沒有公共交通，也沒有計程車。小倆口就輪流抱著孩子從醫院走回家，在漫漫寒夜裡走了四五千公尺。

最後，小夫妻達成一致，約定將來無論如何都不能離婚，只有親爹親娘能在這樣的冬夜中，抱著孩子走這麼長的一段路。

這樣的爹，何嘗不是一個家庭的福音。

如果父親承擔更多的家庭責任，就會對國家的發展更好。前年夏天，我和家人赴以色列旅遊，印象最深的事有兩件，一是猶太人算帳好快，而且確實小氣，一點點錢也寸利不讓；二是滿街都是爸爸帶孩子，經常看到夫妻一道上街，爸爸背上一個寶寶，手裡推著一輛嬰兒車，身邊還跟著一個幼兒抓著他的衣角，亦步亦趨。媽媽在幹什麼？媽媽背著個媽咪包，雙手空空，逍遙自在地跟著走。

我當時覺得，這樣看來，在以色列當媽媽是很幸福的，因此生育率一定很高。查證後，發現以色列的生育率超過三%，是我們的生育率的三倍。在所有的發達國家裡，它是唯一一個高生育率的國家。這麼精明的民族，生這麼多小孩，一定是因為計算過，知道生育是划算的事，知道這是個值得的投資。所以，人民不傻，如果真能多子多福，誰不想生育呀？

目前中國有老齡化的問題，因此，國家想提高出生率，那有沒有考慮過從父親下手？兩拳難敵四手。一個媽媽兩膀縱有千鈞力，一手一孩，也至多抱兩個孩子，三孩萬萬沒戲。加上爸爸呢？在以色列，我見過膀大腰圓的爸，能一手抱兩個孩子，另一手還能推箱子。放眼世界，中國爸爸還有很長的路要走呀。

離開也是一個選項

二〇〇四月，美國舊金山灣區，一個七週大的嬰兒，在家中停止了呼吸。他的父母說他一直有健康問題，自出生以來，已經十五次進出醫院，包括兩次住院，病因有過骨折，也有大便帶血，但醫生還發現了孩子多處肋骨骨折。這麼小的孩子，幾乎不會意外受傷，肋骨骨折只會來自擠壓性損傷。同時有人又發現，嬰兒三歲的姐姐，也有過幾次骨折。父母都是大個子，母親是橄欖球隊的中後衛，父親大概有一一〇公斤。醫生懷疑是同床睡覺，家長無意識地擠壓導致。

兒科醫生問家長是誰陪嬰兒睡覺，發現父親是上夜班的保全，白天妻子不在家的時候，是他陪孩子睡覺。而且每次嬰兒生病，幾乎都是父親帶了孩子之後。醫生問父親嬰兒臨終時的樣子。父親答：「我正打算睡覺，當我聽到聲音的時候，我不知道該怎麼說，就好像他身體裡面的東西終於被擠了出來。你知道，那是他的最後一口氣，這可嚇到我了。」醫生認為這是一樁虐童案，但嬰兒屍體已經被火化，他們沒有證據。同時，地區檢察官同情這對父母，認為這可能是養育孩子過程中的疏忽，而非故意。

幾個月過去，醫生知道了一件不知道是喜是悲的事，那位母親再次懷孕了，一切又重新開始。很快，他們在新生兒病房見到了這位母親和她的新嬰兒，三週大，肝臟撕裂。

至此，真相大白。原來這位父親下了夜班之後很睏，只想睡覺，一聽到嬰兒哭就很煩，會把手臂壓在嬰兒身上，並且用力擠壓。他認為只要他擠壓的時間足夠長，力度足夠大，嬰兒就會停止哭泣。事實上也確實如此，因為嬰兒窒息了。肋骨是這樣斷的，大便帶血也是因為過度擠壓，令直腸被擠出體外。

總之，最後這位父親因虐待兒童罪入獄，被判了至少二十一年的徒刑。他們還倖存的兩個孩子被帶走，由兒童保護機構送人撫養了。這位母親後來再婚，並且懷孕生子，現在她的孩子很健康，沒有再受過傷。

所以，一直有一種觀點是，做父母要持證上崗（持有相關證照或核准憑證到工作崗位任職）。事實上，當中國剛剛有「師範學校」的時候，一些老先生看不過眼說：「教書最簡單不過，需要什麼師範？這麼個搞法，難道說當爹還需要上『父範學堂』嗎？」那當然了。魯迅說：「中國現在，真的是需要父範學堂；這位老先生就該入學，編入小學一年級。因為中國很多父親都是自然之父。他們只管生，不管教的。」殊不知《三字經》開篇就說：「養不教，父之過。」一個父親必須要教育孩子，而在教育之前，父親自己也要先受教育。可是有些人是教不出來的，怎麼辦？

當遇到錯的人，要不就將精力和時間投入自我成長上，要不就離開他及時止損。我收到的一個網友私訊：

之前我老公在我懷孕的時候背著我跟不同的女人聊天，我坐月子的時候發現了他的小號，當時覺得孩子很小，就沒有離婚，他也決定痛改前非，不會這樣了。現在孩子兩歲了，這件事就是我心中的一根刺，時不時想起來，就覺得很噁心。我對他沒有了信任，一直懷疑他現在也在跟別人聊天。而且現在的婚姻生活特別單調，我們之間也沒什麼共同語言，除了孩子和錢。我感覺生活沒意思，自己也很不快樂。

而且，他之前承諾不再抽菸，但是最近我發現了車上有菸，他才攤牌說他一天在公司要抽五六根，但是在家不抽。我不高興，很失望，覺得他又一次騙了我。可是他也沒有要戒菸的意思，還說抽菸是交朋友的媒介。我覺得為這個離婚也沒必要，但是我又特別不高興。我一面對他，或者一吵架，不開心時就會想起這件事，我變得更加不信任他了。婚姻裡沒有了信任，還能在一起嗎？

我的回應是，百分百的信任是不存在的，即使是父母子女之間。現在丈夫的話你不信，十年後，當孩子告訴你「我沒有玩遊戲」，你依然也會不相信。既然已經這樣了，那就算了吧，不必驚醒睡著的狗。讓自己忙起來吧，好好上班，好好帶孩子，還有多餘的時間，可以去跳舞、健身、學英語，把更多的精力投資在自我成長上。

如果你的男人家暴、賭博或者吸毒，在這樣的婚姻中，不管你多麼放不下，也請你想一想，你的孩子需要這樣的父親嗎？我還要說一個殘酷的事實，大部分受家暴的女性，在家裡也得不到兒女的尊敬和原諒。兒女甚至會比厭惡父親更深地厭惡遭受家暴的母親。我第一次知道的時候，五內為之震動，不解為什麼會這樣。難道說兒女也會依附強者，看不起弱者嗎？難道連兒女都不會保護自己的母親嗎？

後來接觸多了，我才知道這是因為在最開始，母親沒有保護自己的兒女。會打老婆的男人，絕大多數也不是溫和的父親。他們打老婆，自然也會打罵兒女。老婆是成年後才來到這個男人身邊，但對兒女而言，往往意味著家暴是從小到大的家常便飯。兒女挨打受罵的時候，只能看向母親。但是受過家暴的母親會保護他們嗎？不會。因為母親害怕自己成為下一個泄怒物件，小心翼翼地不敢觸怒這個男人。於是，她就眼睜睜看著孩子挨打受罵。如此，孩子如何愛她、尊重她？

她作為母親，不敢保護自己的孩子，不敢與丈夫對打，不敢帶孩子們離開，什麼都不敢。不管她怎麼對孩子們表達「我是為了你們，才不離開家暴我的男人」，孩子們也都難以接受，也許理性上能接受，但心裡總有一個聲音：「你在說謊。」

母親說的可能是真的，她可能無力養活孩子，所以不能帶孩子離開。她是血肉之軀，確實怕男人的拳腳。但如果三十歲的女人怕，那麼三歲的小孩怕不怕呢？完全無力自保、無力離開的小孩，該怎麼辦呢？

而且孩子們很快會發現，如果他們得到了父親的歡心或者喜愛，暴力就不會落在自己頭上。但如果去討好母親，毫無用處。因為無論母親是否喜歡自己，她都不會在暴力來臨時保護自己。那麼，如果你是孩子的話，該怎麼選擇呢？

往往是已經長大成人的孩子們，會出於人道主義憐憫母親，他們保護母親是以人保護人的立場。但作為兒女，他們心裡往往會有一個對母親的疑問：母親，你是怎麼對待我們的？在我們需要保護的時候，你在做什麼？

其實，遭受家暴的媽媽是可以離開的。

真的，相信我。

別想著「孩子需要一個完整的家」，「家」應該是遮風擋雨的地方，而不是暴風雨的中心。暴風雨的中心破碎了，對孩子來說，只是少了些風雨。

他是孩子的爸爸

—— CHAPTER 5

6
Chapter

爺爺奶奶與外公外婆帶大的孩子

家裡的事，不是東風壓倒西風，就是西風壓倒東風。老一代有老一代的悲催之處，年輕一代有年輕一代的不得已，每個人都只看到自己在遷就對方，很難看到對方其實也在遷就自己，最好的解決方法就是彼此多站在對方的立場上理解對方的難處。

「家家」的溫暖

我有一位鄰居，我叫她箏阿姨，她有一對雙胞胎女兒。兩個女兒除了臉長得像以外，個性不同，身材亦迥異。

這兩個女兒，一個婚姻很順利，孩子已經讀大學了；另一個女兒嫁了兩次，有兩個孩子。這三個孩子，年齡簡直形成了等差數列，分別上幼稚園、小學、中學，甚至不在一個城市。老兩口為了方便照顧兩組孩子，長期分居兩地，一個帶大女兒的孩子，另一個就帶小女兒的孩子。小女兒的老大跟了前女婿，他們也經常做些食物送過去，陪小姑娘玩。按照箏阿姨的說法：「給一些家家（武漢話中的外婆）的溫暖。」不僅如此，外婆和外公兩個人還會交換，因為隨著孩子們年級和學校的改變，需求不一樣。一次次的叛逆期從不間斷，各種花樣翻新。

現在上大學的大外孫就是箏阿姨的心腹之患。大外孫不僅不聽外公的話，連爸媽的話都不聽，相對來說，還算是聽外婆的話。

大外孫好不容易考上了本地的大學，但小孩嫌宿舍住著不舒服，還是在家裡住。因此，箏阿姨還要給外孫做飯，送上「家家的溫暖」。箏阿姨偶爾和老鄰居們聊聊天，抱怨抱怨自己查出來了胃癌早期。沒聊幾句，箏阿姨一看手機，表示時間到了，她馬上要趕回去給大外孫做午飯了。果然如希拉蕊・克林頓引用的那句非洲諺語所言：「養育孩子，要舉全村之力。」

為此，西班牙、葡萄牙、巴西等國設定了一個節日，每年的七月二十六日作為祖父母節，為了感謝老一輩在退休之後還為家庭繼續付出，讓年輕一代有機會好好工作，讓年輕媽媽能夠繼續在職場上拼殺。這些老人反倒成了一個家庭的強大後盾。

有句名言說得好：「老兵不死，只是漸漸凋零。」西班牙有句類似名言：「祖父母們永遠不會死，只是漸漸被我們淡忘。」

兩代溝通的困難

老習慣，先講個故事。孩子出生才幾天，一個奶奶便給孩子餵龍鬚酥，孩子晚上就拉肚子了。孩子五個多月的時候，這位奶奶又給孩子餵饅頭，差點出事。兒子媳婦說了她，但十來天後，故態復萌。媳婦無奈，只好辭職自己帶孩子。白天奶奶不給孩子餵奶粉，孩子晚上餓得睡不著，要吃四五頓，媳婦晚上無法安睡。媳婦說，婆婆是故意的，明明自己不想帶孩子，又不想被兒子說。

我必須承認，這位兒媳婦的推測是很有可能的，因為按照華人家庭的傳統，人們默認家事是女性的工作，養育孩子和做家事勞動的，不是媽媽就是奶奶，再不然就是外婆，反正枷鎖輪流轉，總在女人肩上。同時呢，男性還被賦予了監工的權力。每個男人都有權指責妻子、母親或女兒不做家事活或者是做得不好。

在家事勞動這件事上，男人是資產階級，女性是勞動階級。這勞資矛盾昭然若揭，這位婆婆可能就是在以消極怠工的方式罷工。而且，在男女的勞資關係上，從來不見女人們聯手罷工，逼得男人讓步，都是女人與女人「自相殘殺」。因此，隔代育兒的老人，總會有一些自己的負面情緒。

另外，在社會學書籍中也提到了為什麼當祖父母、外祖父母幫忙帶孩子時，會有寵溺孩子，出現祖父母與父母起衝突的現象，其中原因很多。

首先，長輩之所以會和子女起衝突，是因為他們漸漸會有一種權力喪失、不被愛的感覺。因此想借由給孫輩無限的寵愛，來獲得孫輩的肯定、愛與尊重。

其次，華人社會有一個獨特之處，就是我們會把中青年當作一家之長，每一代都會有權易位。老人往往只是名義上的大家長，但真正當家做主的是中青年的兒女們，老人進入「被管束者」的位置上，自然會產生叛逆情緒，並且有些老人帶孩子是不情願的，會下意識在帶娃過程中，發洩怨氣，與「家長」對著幹。

最後，老人的育兒觀念往往過時了，當兒女指出或者糾正老人的錯誤時，就會傷害到老人的自尊，誘發老人害怕自己老了不中用的恐懼，所以老人為了維護權威，也會出現與兒女起衝突的現象。

而溺愛孩子也是因為老人其實有很深的不安全感，尤其是那些有討好型人格的老人，比如祖母、外婆，她們一生都在本能地討好人，所以會下意識地討好孫輩。還有一些老人長期在家庭生活中有心靈創傷，就像父母會在兒女身上治癒自己一樣，有時候祖父母也會這樣。

所以呀，有一位或幾位通情達理，沒有心靈創傷，能夠高高興興帶孫子的老人，那真是「家有一老，如有一寶」。如果沒有，為了你和孩子好，還是自己帶孩子吧。

還有一個故事，一位女士因外遇而離婚，但是女士處理得很好，姿態並不難看。女士表示自己要淨身出戶，不要財產，只不過孩子要共同撫養。家裡反應最激烈的，是女士的前婆婆、她女兒的祖母。老人向眾人訴說前兒媳的無情無義，一邊痛惜孫女即將失去母親，另一邊又不斷地向孫女說：「你媽不要你了，奶奶要你。」才五六歲的孫女被奶奶刺激得六神無主、神經兮兮。

在一個正常的家庭裡，含飴弄孫本是一件美好的事，孫兒孫女也會深摯地愛著祖父母。但現在，這位祖母的心血很可能馬上落空，孫女很可能隨時離開。婆婆所有的付出會被馬上忘掉，但家事付出都是實實在在的。明天這個孩子要跟親媽遠行，今天你還得給她做飯洗衣服。在這種情況下，要這位祖母心甘情願地帶孫女是很難的，需要極高的品格和忍耐力。她忍不下來，她需要求證孫女的愛，孫女的忠誠，確定自己沒養白眼狼，自己的付出物有所值。

旁人很不忍，想勸阻老太太：「你這樣才是真正傷害孩子。真愛孩子，就不應該這樣做。」我說：「如果她本來就不真愛孩子呢？」老人帶孫子孫女，本來就是幫兒女們的忙，這不是他們的義務。他們也沒有責任必須愛。話說回來，愛本身就是一樁自然而然的事，不能用義務去要求。

對普通人來說，帶小孩確實是世上最辛苦的工作，不過大人也不在乎小孩記不記得自己的付出，但如此辛苦，卻沒有得到相應回報，怎麼能沒有一絲怨氣？所以這樣一想，即使在沒離婚的家庭裡，有一肚子怨氣的老祖母、老母親也是屢見不鮮的。

面對這些幫忙帶小孩的老人，我認為最好的態度是要存一顆感恩之心。有一天，我媽的大學老同學打電話來抱怨，他都七十多歲了，還得每天開車接送他的孫女上下學。按交通規則老人得每年體檢一次。去年體檢的時候，通過就很勉強，今年更是不知道能否通過。

即使這樣，兒媳也頗有怨言，嫌老人寵壞了孩子。老同學自己說：「老年人容易心軟，小孩一要什麼，沒辦法不給買。」除此之外，兒媳還不讓老人和孩子說英語，覺得老人會帶壞孩子的發音。一旦孩子成績不穩定，兒媳婦就又會說：「爺爺奶奶太縱容孩子了，根本不管孩子的學習。」

這一段時間，兒子兒媳又想生第二胎了，還是讓孩子的爺爺奶奶來帶，老同學與老伴堅決拒絕，甚至發話：「如果你們一定要生，我們就回去。」這一下，兒媳婦乾脆都不和他們說話了。老先生說起來，只能苦笑。

家裡的事，不是東風壓倒西風，就是西風壓倒東風。老一代有老一代的悲催之處，年輕一代有年輕一代的不得已，每個人都只看到自己在遷就對方，很難看到對方其實也在遷就自己，最好的解決方法就是彼此多站在對方的立場上理解對方的難處。只有這樣，家庭關係才能和睦，並且只有當家庭關係和睦了，才能為每個家庭成員締造溫暖有愛的港灣，從而給彼此以積極向上的力量，激勵各自用最好的狀態去生活。

要不要生二孩三孩

一生中最想擁有第二胎的瞬間

我至今記得一位朋友曾經哭著對我說過的一些話。朋友是最早的「八零後」，前幾年，她母親還不到七十歲就去世了。在這個年代，她的母親不算高壽，甚至不到中國女性的平均壽命。因為她母親六十出頭便患上了阿茲海默症，疾病影響了她的壽命。朋友也陷入了空前的孤單，當她想與人談談母親時，卻發現完全沒有人認識她童年記憶中的母親。

朋友是獨生女，沒有兄弟姐妹。早年間，她父母離開家鄉，來這裡工作生活，在當地沒有什麼親戚。外加她的母親趕上提前退休的機會，四十多歲就退休了，所以與同事也不多來往。她從小就是一家三口在一起。後來母親發病，一直是她父親在照顧母親。長期照顧病人是項巨大的工程，所以她父親比母親先走一步。之後，她只能把母親送入養老院。所以，沒有人認識她童年記憶中的母親。

朋友有滿心的話想說，但沒有人能懂。朋友和老公的感情是不錯的，但結婚後沒多久，她母親就發病，她老公雖然出錢出力，但母親當時已經不能正常交流了。她有一個聰明可愛的女兒，但女兒也只是知道外婆生病了。

喪母之痛是巨大的，所有人都安慰她，照顧她。老公說：「你想吃什麼我給你買？」老公會提議：「我們去旅遊一下散散心吧。」朋友的女兒則很害怕地抱著她哭：「媽媽，我不要你死，你不能像外婆一樣。」她非常感謝他們的愛，但是，她就是想和人聊聊自己的母親，吐槽一下母親年輕時候的糊塗，懷念一下小時候母親做的黑暗料理，笑一下，再痛快地哭一場。她知道她老公願意聽，但他真的不懂。

終於有一天，她在我面前哭了出來。我說：「你可以跟我說，我會試著懂。」她悲傷地搖頭：「不，你不懂。」她需要和渴望的是一個親人，一個見過她母親、吃過她母親做過的飯、抱怨過她母親的親人。

但人間的事，需要並不意味著就會擁有，渴望也不意味著就會得到。但痛苦可能永遠會在，並且不會消失。只是時間，可能會讓痛苦變得平滑些。

相信我，進行那次對話時是在我一生中最想生第二胎的時候，我很希望我的女兒在我去世後，能和一個人吐吐槽，聊聊天，說：「我媽這個神經病……」

我希望那個人是一個心智成熟的成年人，是愛著女兒也愛著我的人，是願意陪伴與支撐女兒的人。

這個人既可以是女兒的伴侶，也可以是她的孩子。我認真地想過，如果女兒三十五歲才要小孩的話，我真不一定能堅持到她的小孩成年。

那麼，是她的弟弟或妹妹好不好……

你的肚子誰做主？

有一年我出差，遇到一家獨角獸公司的女強人，她正在為第二胎煩惱。這位媽媽是城裡的孩子，家裡的獨生女。她父母都是老師，自己也是名校畢業生，年薪人民幣五六十萬。她的老公也是獨生子，畢業於名校，是個博士，現在在大學裡當老師。一家人十分和諧，這個媽媽生產完，月子中心、育兒嫂、保姆都在出力，她的母親、婆婆也都來幫忙。她上班擠奶的時候，每天老公或者公公開車載著婆婆或者自己的母親，把嬰兒籃提給她。公司也很好，為產育女性提供了各種福利，育嬰室一應俱全。

其樂融融的氛圍裡，只有一個不和諧的聲音：當所有人都希望她生第二胎時，只有女強人自己不想生。在生第二胎這件事中，媽媽是唯一能行使否決權的人，但她就是沒法否決。外婆把寶寶的衣服都攢著，準備給二孩穿；婆婆不讓女強人做任何家事，讓她休養生息，準備二孩大業；老公在歡愛之際，喃喃地說：「我們再生一個吧。」她忍不住了，吼了老公。老公有打她、罵她嗎？沒有。老公是讀書人，不是粗人。反倒是老公在跟她道歉，說自己太過心急。老公不斷地哄著她，勸著她，賠著小心，她又於心不忍。大家都說：「你們兩個獨生子女，太孤單了。多生幾個孩子，是為你們自己好。」

就是這樣，即使是周邊人都在春風化雨、以情動人地勸生，女強人也還是負隅頑抗。她向我和另一位女士詢問解決辦法，我們兩人面面相覷。那位女士平時比較具有女權意識，於是我就想等她先說，我附和就行了。

結果那位女士也只說：「那你乾脆就生了吧，反正有人幫你帶孩子。」

與我設想的情況不一樣，既然連那位女士都妥協了，我更加不會有反對意見，便滿口附和：「那就生吧。」

我完全能理解那位女強人的無奈，她肯定是不想生的，但她沒有理由不生。因為她擁有這麼和睦的家庭關係，所有人都在愛她、關心她，難道勸她離婚嗎？

於是，前兩年，她生第二胎了。

婚姻、家庭，往往都是一個互相妥協的關係。但關於生育這件事，往往妥協的一方卻是那個要付出最多勞動的人。

並且，她的意願有時候並不重要。幸福，有時候是要付出代價的。

孩子也有表決權

近些年，我旁觀朋友們和他們的父母子女的行為與反應，約略理解了一些父母生第二胎或者催逼兒女結婚的心情。無非就是覺得人類太渺小，單人的力量太薄弱。孩子，我想為你找一個能夠與你並肩作戰的隊友，或者是兄弟姐妹，或者是同床夫妻。在大難來臨時，能夠與你共負重擔。

然而理想和現實是有差距的。生第二胎這個決定，也要參考孩子的意見。

首先，孩子可能會這麼想，弟妹只會是我的負擔，怎麼可能是我的盟友？其次，婚姻是壓迫，結婚就是自找苦吃；最後，世事難料，「共患難」是非常高的要求，你想有個好隊友的前提是，你自己不能太差。你飽食終日，無所用心，隊友怎麼可能給你當全職爹媽？反過來，你出生入死，百般辛苦，回頭一看，隊友還在玩遊戲。凡此種種，都會成為日後矛盾的導火線。

我有個女友，是個有弟弟的姐姐。有一天，她去補習班接女兒，站在外面等。她聽到一個媽媽說現在不想打疫苗，因為打完後一年不能懷孕，老公還想她生第二胎呢。一群媽媽勸她不要生，都說太累了。那媽媽說：「我覺得還好，女兒又乖又省心。」我的朋友她腦子進水，抬頭說：「既然孩子這麼好，為什麼要讓她當姐姐？」周圍頓時安靜。她也覺得自己僭越了，想再解釋，又覺得越描越黑，就低下頭滑手機了。

我自己有姐姐，多少有些不以為然，便說：「我是覺得有兄弟姐妹也很好，沒有這麼強的執念。」女友說：「那是因為，你不是姐姐。」她接著說，「我下過決心，第一胎是女兒的話，那就絕不再生。」是的，我不是姐姐，我自己就有兩個姐姐。我的姐姐們很愛我，為我付出良多。我當然也愛她們，但很可能相對付出得少一些。我很可能擠占過她們的資源，侵占了她們應該得到的愛。只是當時的我還小，沒法知道。

人與人，即使在同一個時間和同一個空間中，有完全同樣的生活環境，可能感受也是完全不一樣的。

橘子總有大有小，有甜有酸，每一個可能都有不同的滋味。每一個吃到的人，都沒法堅決地說，我吃的橘子，明明很甜。有可能你吃到的這一個是甜的，剩下的全是酸的。

有弟弟妹妹，對老大的生活會有很多的影響，所以問問老大的想法吧。

不是所有老大都討厭弟妹

小年的好朋友煙煙，在一次考試中取得了驚人的好成績。我在想這會不會與煙煙媽去年生了老二有關。煙煙爸媽都是教育型父母，在煙煙的教育上很下功夫，給孩子報了許多個補習班，每天盯著煙煙學習，急起來還上手，煙煙的成績當然也一直很好。

但在煙煙五年級的時候，他們打算生第二胎，對煙煙的管理自然就放鬆了。首先，因為人力有限，送煙煙去補習班的次數不斷減少；其次，爸爸媽媽要帶老二，煙煙的學習要自己負責；最後，其中有一段時間，煙煙的媽媽住在月子中心，由婆婆和親媽輪流照顧，只有煙煙的爸爸在月子中心與家之間往返。

而在這期間，煙煙的成績卻突飛猛進。我是認識煙煙的，很喜歡她的個性，活潑裡帶著點小莽撞，有很旺盛的好奇心。煙煙平時經常穿夾克，從來不穿裙子，活蹦亂跳，像個小男生。

煙煙的弟弟到現在一歲多，煙煙的日子過得很開心。開心的原因不在於家庭中父母對她一如既往的態度，而在於煙煙的自由度比原來大了。學習上，她能自己掌握進度，一本一本地寫題；課外活動上，她參加了管弦樂隊；社交上，她每天都會找小年玩，兩個人每天遊歷各種地方。

有一次，我帶小年及她的同學去博物館，其他的孩子都是家長送來的，而煙煙自己坐公車就來了。逛完博物館，大家陸續告辭，煙煙與小年還有說不完的話。最後我帶著孩子們吃了飯，把煙煙送到了公車站，看煙煙上車。她自己坐公車回家。這其實是我們小時候的常規操作，現在孩子這麼做的已經不多了。但我覺得，這種自我掌控時間路線的做法，是很鍛鍊人的。父母們不能天天像老母雞帶雞娃一樣呵護孩子，否則，孩子一長大，啥都不會，即使是最簡單的認路。

我在想父母對子女完整的愛，應該適可而止。當孩子到了青春期，開始成熟、自我膨脹，就會需要較大的空間。而在這個過程中，作為父母，應該隨著孩子長大，慢慢打開父母與子女之間那層牢不可破的不變循環，到孩子青春期接近成年的階段，就應該做好由「不變循環」變成「活結」的準備。二孩，有時候會成為一個自然的誘因，讓父母在不知不覺中給孩子鬆了綁。

但是有些父母還會擔心老大的占有欲，本來是一個人擁有的爸爸媽媽，要分給弟妹了。其實嫉妒、占有欲都是人類的本能，何況小孩。

小學一年級的小朋友，突然發現自己班的數學老師同時還是別班的班導，原來老師不是光喜歡我們一個班的。對孩子來說，有些人覺得這是晴天霹靂，有些人覺得不過爾爾。區別不在這裡，區別在下一步，有些孩子生老師的氣，因為覺得老師還喜歡別的班的小朋友，所以故意不好好聽課。有些孩子則會表現得更好，以此證明我們班比其他班更強，博得老師的喜歡。有些孩子想通了，理解老師喜歡每一個學生，這是很正常的事情。這些天壤之別，是受到家庭教育、同學間的交流，以及整個社會相關文化的影響。

在我們小的時候，哥哥姐姐嫉妒弟弟妹妹的存在，是會被當作笑話講的。笑話的背後包含了價值取向，認為父母是不能被兒女獨占的，這不是孩子應該嫉妒的事。但現在，大家都默認了一孩是有權利反對父母生育二孩的。而父母要做的是讓他們相信，父母會一樣愛他們。

嫉妒是天性，不妒是教化。

舊社會的女性能接受男人三妻四妾，不是她們的天性，只是全社會的教化。

不存在什麼「男人的占有欲」，也不存在「女人的嫉妒」，人與人都是一樣的。

所以，如果父母教育得好，老大老二是完全能夠做快快樂樂的親骨肉的，當然，他們本來就是。

國家圖書館出版品預行編目(CIP)資料

你不是天生為母則強，只是必須學著勇敢／葉傾城著. -- 一版. -- 臺北市：禾禾文化工作室，2023.02
面；　公分. --（Printemps；2）
ISBN 978-626-96718-2-3（平裝）

1.CST：母親　2.CST：母職　3.CST：女性心理學

544.141　　111021426

AUTOMNE 02

你不是天生為母則強，只是必須學著勇敢

獻給世上所有母親的內心療癒手記

作　　者：葉傾城
責任編輯：陳品潔
版面設計：菩薩蠻數位文化有限公司
全書排版：菩薩蠻數位文化有限公司
封面設計：Bianco Tsai
行銷業務：平蘆

出　　版：禾禾文化工作室
社　　長：鄭美連
發　　行：禾禾文化工作室
地　　址：台北市北投區中央南路二段28號5樓之一
電　　話：(02)28836670
E m a i l：culturehoho@gmail.com
總 經 銷：大和書報圖書股份有限公司

印　　製：呈靖彩藝股份有限公司
初版一刷：2023年2月
定　　價：360元